Frank Krause

Hirtenherz

Frank Krause

Hirtenherz

Eine himmlische Vision

GloryWorld-Medien

1. Auflage 2009

© 2009 Frank Krause

© 2009 GloryWorld-Medien, Bruchsal, Germany

Bibelzitate sind, falls nicht anders gekennzeichnet, der Elberfelder Bibel, Revidierte Fassung von 1985, entnommen.

Das Buch folgt den Regeln der Deutschen Rechtschreibreform. Die Bibelzitate wurden diesen Rechtschreibregeln angepasst.

Lektorat/Satz: Manfred Mayer
Korrektorat: Das gute Wort, Günzburg
Umschlaggestaltung: Kerstin & Karl Gerd Striepecke, www.vision-c.de
Foto: istockphoto
Illustrationen: Bettina Pradella
Druck: Schönbach-Druck GmbH, Erzhausen

Printed in Germany

ISBN: 978-3-936322-39-2

Bestellnummer: 359239

Erhältlich beim Verlag:

GloryWorld-Medien
Postfach 41 70
D-76625 Bruchsal
Tel.: 07257 903396
Fax: 07257 903398
info@gloryworld.de
www.gloryworld.de

oder in jeder Buchhandlung

INHALT

PROLOG

Und ich werde euch Hirten geben nach meinem Herzen, die werden euch weiden mit Einsicht und Weisheit (Jeremia 3,15).

Nachdem ich eine Gemeinde gegründet und viele Jahre lang als ihr Leiter gedient hatte, war ich sowohl ausgebrannt als auch ernüchtert. Und nicht nur ich, meine Frau ebenso, die sich immer sehr für die Belange der Gemeinde eingesetzt hatte. Die Arbeit mit Menschen ist anspruchsvoll und braucht einen langen Atem. Auch wenn in den christlichen Kreisen, in denen ich arbeitete, ständig über Veränderung und Erneuerung geredet wurde, vollzog sich doch jede selbst noch so geringe Veränderung scheinbar nur im Schneckentempo und forderte einen immensen Aufwand an Kraft und Einsatz. Nach bald zwei Jahrzehnten im pastoralen Dienst waren die Ergebnisse für mich aufs Ganze gesehen einfach nur niederschmetternd. In der folgenden Auszeit fand ich langsam zu mir selbst und auch zu Jesus zurück, ohne mich und ihn ständig missbrauchen zu müssen für den Betrieb eines religiösen Systems mit seinem Programm und Erfolgsdruck.

Zu einem bestimmten Zeitpunkt wies mich der Herr an zu schreiben, und ich begann an mehreren Texten gleichzeitig zu arbeiten. Einer dieser Texte ist die folgende „innere Reise", in der ich sowohl einige der gemachten Erfahrungen im geistlichen Dienst verarbeite als auch eine Reihe von überaus aufschlussreichen Inspirationen empfing, die der Herr mir im Zusammenhang mit der Frage nach dem „wahren" Dienst eines Hirten gab. Dabei geht es Jesus offensichtlich weniger um Methodik und Struktur kirchlicher Arbeit, sondern um die Beschaffenheit der Person des

Hirten selbst. Wie ist ein Mensch beschaffen, der ein „Hirte" ist? Wie ist es, wenn er nicht nur etwas darüber weiß, sondern wenn er es tatsächlich *ist*?

Immer wieder und von allen Seiten wird die dringende Notwendigkeit von quantitativ mehr und qualitativ besserer Leiterschaft hervorgehoben, wenn unsre Gemeinden gedeihen sollen. Tatsächlich ist ja *jeder* Mensch dazu gerufen, in einem ihm bestimmten Maß Führung auszuüben, zumindest über sich selbst, was Selbstverantwortung bedeutet. Darum sind die folgenden Kapitel sicher für alle nach Einsicht und Weisheit für die eigene Lebensführung Fragenden interessant zu lesen.

Die Suche nach verlässlichen Mentoren gerade im geistlichen Bereich ist groß. Jemand stellte darüber sehr treffend fest: „In jedem Christen schlummert die Sehnsucht nach geistlicher Wegweisung. Wir wollen die Routen durch die gefährlichen Landschaften des Lebens kennen. Wir wollen wissen, wie wir ans Ziel unserer Reise kommen. Wir brauchen eine Landkarte, die uns auf unserem Weg Orientierung gibt. Jedoch gibt es auch eine Sehnsucht, die nicht durch die gewöhnlichen Mittel des persönlichen Studiums, des Gebets und des Gottesdienstes befriedigt wird. Es ist ein Verlangen nach mehr; nach einem Mehr, das unmöglich zu definieren oder zu erklären ist; eine Sehnsucht, den Reichtum des ‚tieferen Lebens' oder des ‚reifen Glaubens' oder der ‚geistlichen Kraft' kennenzulernen."

Ich gehe davon aus, dass diese Sehnsucht nicht nur in jedem „Christen" schlummert, sondern überhaupt in jedem Menschen. Die Schlussfolgerung, die der Autor dieses Textes zieht, ist, dass unsere Suche nach „mehr" die Hilfe von geistlichen Begleitern erfordert, „die nicht alles besser wissen als wir, aber ein Stück weiter auf dem Wege vorausgegangen sind, um uns nun weiter zu führen, als wir aus eigener Kraft gehen können. Ihre Stimmen helfen uns, die ermutigende Wahrheit zu entdecken, dass Gott in unserem Leben bereits am Wirken ist, uns als seine geliebten Kinder zu einer tieferen Nähe zu sich einlädt und uns befähigt, unsere eigene, einzigartige Berufung zu entdecken."[1]

---

[1] „Mentoring als geistliche Freundschaft", Autor ist mir unbekannt.

Auch wer nicht im pastoralen Dienst ist, wird von den hier nie-
dergeschriebenen Einsichten profitieren und sicherlich seine
Sicht vom Christsein und geistlichen Dienst grundsätzlich überprüfen. Viele „Krankheiten" der modernen Kirche sind ja leider
grundlegender Natur und nicht mit etwas kosmetischer Behandlung zu korrigieren. Es braucht eine umfassende Herzenshinwen-
dung zu Jesus, die zwar an vielen Orten propagiert, aber an wenigen ernsthaft betrieben wird, weil sie das Risiko in sich birgt,
dass Jesus alles Herkömmliche und Gewohnte durcheinander-
bringt – so wie er es auch zum Ärger der Pharisäer und Schriftgelehrten vor 2000 Jahren tat. Die Reaktion damals wie heute ist
die gleiche: Was nicht in die gewohnten Konzepte des Systems
passt, wird aussortiert und instinktiv als „falsch" zurückgewiesen.

So finden wir das Phänomen vor, dass heute zwar sehr viel
über – aber sehr wenig mit Jesus geredet wird. Die Theologie
weiß alles über ihn, aber nichts von ihm. Die Begegnung von
Herz zu Herz, von Angesicht zu Angesicht, um die es eigentlich
geht, ist wie vergraben unter endlosen Veranstaltungen, Verwaltung und frommem Getue. Aber darum geht es: eine echte Begegnung mit Jesus, die uns in sein Bild verwandelt von Herrlichkeit zu Herrlichkeit. Dies kann man aber weder veranstalten noch
verwalten, noch mit frommem Habitus produzieren. Die Vereinigung mit Gott war, ist und wird immer ein Geheimnis bleiben,
welches sich menschlicher Machbarkeit und Kontrolle entzieht
und nur von den Liebenden erfahren werden kann.

In einer Reihe von visionären Erfahrungen ließ Jesus mich einiges von diesem Geheimnis sehen und erleben. Denn der erste
Schritt jeder Erneuerung besteht darin, mit neuen Augen zu sehen.

Zum besseren Verständnis für die Art des Textes möchte ich
noch Folgendes voranstellen:

Offenbarung und Eingebung haben nichts mit Logik und Ob-
jektivität zu tun. Sie sprechen ihre eigene Sprache und richten
sich weniger an den Kopf, als vielmehr an das Herz. Vor lauter
Kopflastigkeit kann uns heutzutage der Zugang zu unserem Herzen verloren gehen, und damit verlieren wir den Kontakt mit uns
selbst und auch mit Gott, denn er redet zu unserem Herzen.

Ulrich Schaffer schreibt: „Die Reise nach innen ist nicht die Reise in eine totale Subjektivität, in eine Abtrennung von der Außenwelt, sondern die Reise in die Verantwortung sich selbst und anderen gegenüber. Ich glaube, dass die Nöte der Welt an vielen Stellen von einer Vernachlässigung der Innenwelt des Einzelnen stammen ...“[2]

Ein „wahrer Hirte" ist einer, der selbst in dem Geheimnis dieser Reise lebt und der anderen dabei helfen kann, aufzubrechen und in der Gegenwart Gottes zu anderen Menschen zu werden.

Frank Krause

---

[2] Ulrich Schaffer, Die Reise ins eigene Herz, Herder, Freiburg 2005; aus dem Vorwort.

KAPITEL 1

Heilung des verwundeten Hirten

Im Todesjahr des Königs Usija, da sah ich den Herrn sitzen auf hohem und erhabenem Thron, und die Säume seines Gewandes füllten den Tempel (Jesaja 6,1).

Ich weiß nicht genau, wie ich hierher gekommen bin. Ich war im Gebet und erinnere mich auf einmal an diese Bibelstelle in Jesaja 6 und im nächsten Moment bin ich im Geiste dort. Ich stehe auf der Schwelle des Tempels, der ganz erfüllt ist von Gott – von ihm allein. Aber „in ihm", in seinem Haus ist Raum für mich und ich kann eintreten.

Ich sehe den von seinen Gewandfalten gefüllten Tempelraum vor mir. So viel Stoff! Ich kann nicht eintreten in diesen Raum, es sei denn, ich trete auf die Säume seines Gewandes. Das ist schon etwas seltsam, und dass dies nicht mit Schuhen geschehen kann, ist klar. Ich ziehe meine Schuhe aus, und die direkte Berührung mit dem Stoff bewirkt in mir eine noch tiefere Verbundenheit mit diesem Ort und dem „erhabenen Thron".

Da stehe ich also barfuß auf den Rockschößen Gottes ... in der Atmosphäre seiner alles füllenden Gegenwart ... in dem Geruch des Räucherwerks und dem Licht seines Scheinens ... Ich stehe in der Erschütterung und in der Verwandlung seiner Worte. Ich kann hier nur sein, weil mein Sein nicht getrennt ist von dem seinen. Nur weil ich eins bin mit Gott, versöhnt und vereint, kann ich hier stehen.

Überwältigt von alledem lege ich mich auf seinem Gewand hin und will einfach nur „da sein" in dieser alles umfassenden und durchdringenden Herrlichkeit. Ich erinnere mich, wie Jesus inmitten eines Sturmes hinten im Schiff schlief.[1] Er war wohl weniger im Sturm, als vielmehr hier im Tempel. Oder vielleicht war es auch so, dass er viel größer als der Sturm war in der Kraft des Tempels und auf diese Weise nicht auf die Idee kam, sich zu fürchten und zu verzweifeln, so wie seine Jünger, die mit Panik reagierten und ihren Untergang vor Augen hatten.

„Was zeigst du mir hier im Tempel – deinem Tempel – auf deinem Gewand?", bete ich zu Gott. „Dies ist ja dein Haus – und auch wenn ich schon lange wiedergeboren bin, muss ich doch zugeben, sehr wenig über diesen Ort zu wissen."

Ich habe Bibelstellen wie die in Jesaja 6 als Geschichten gelesen, als einmalige und längst vergangene ‚Begebenheiten', die nur etwas illustrieren. Aber sie gleichen einer Einladung, einer Einladung, das Gleiche zu erleben wie ein Jesaja. Zwar gibt es auch im Neuen Testament zahlreiche Einladungen, zum ‚Thron der Gnade' zu kommen, aber dass dies für mich zu einer wirklichen Erfahrung in der Kraft des Heiligen Geistes werden soll, daran hatte ich nicht gedacht und auch keine Erwartung gehabt, dass dies möglich ist.

Zwei Engel treten zu mir, wie ich da so auf dem Gewand liege und bete. Sie sind nicht bedrohlich oder strahlen eine überirdische Aura aus, wie ich mir das vorgestellt hätte. Von ihnen geht Liebe und Annahme mir gegenüber aus und sie sind offenbar zu mir gesandt, um mir beizustehen – welche Ehre! Einer von beiden hat einen Hirtenstab in der Hand und sie helfen mir freundlich auf. Sie stützen mich, einer links und einer rechts, und wir gehen gemeinsam weiter auf dem Gewand Gottes.

„So weit, wie du bisher gekommen bist, das ist noch der Eingangsbereich des Hauses. Komm doch weiter, komm tiefer herein!"

Ich scheine willkommen zu sein, und diese freundlichen Engel helfen mir, weiterzugehen. Warum hat wohl der eine einen Hirtenstab dabei? Ich überlege mir, ihn danach zu fragen, wer er ist oder warum er diesen Stab dabeihat.

---

[1] Vgl. Lukas 8,22.

„Du bist ein Engel, der mir hilft, weiterzugehen und tiefer hineinzukommen in den Thronraum Gottes, nicht wahr? Und dieser Stab da in deiner Hand, was hat es damit auf sich?"

„Du sagst es", meint er lächelnd. „Und den Stab trage ich für dich so lange, bis du ihn selber halten und benutzen kannst." Auf dem Stab steht geschrieben: *Weide meine Lämmer!*

„Je tiefer du in den Tempel Gottes hineingehst, desto mehr wirst du dich mit diesem Haus identifizieren und die Geheimnissen Gottes und des Reiches Gottes entdecken. Dies macht dich zu einem ‚guten Hirten'. Weißt du, viele Hirten sind gar keine Hirten. Sie verstehen die Aufgabe ganz falsch. Sie kommen nicht weiter hinein und betrachten diesen Ort gar nicht als ihr Zuhause und als den eigentlichen Ort ihres Wirkens. Sie sind ganz in der Welt zu Hause und versuchen Menschen mit menschlichen Mitteln beizustehen oder Theologie zu betreiben.

HIER aber interessiert nur das, was der Vater zu sagen, zu zeigen und zu tun hat. Vaterschaft zu den Schafen zu bringen und die Schafe hierher in die Vaterschaft, darum geht es. Gott zu empfangen und von ihm überzufließen – von seiner Gegenwart, seiner Schönheit, dem Duft, von seinen Worten und der Pracht; überzufließen von seinem Licht, der Bewegung und Kraft – das ist es, wofür du hier bist, und hierher sollen die Schafe von den menschlichen Unterhirten gebracht werden. Was die Schafe brauchen, ist diese Gegenwart des Heiligen. Dann kommen sie zur Ruhe und verwandeln sich in Gottes Bild von Herrlichkeit zu Herrlichkeit. Sie brauchen in Wahrheit gar nicht so viel Betreuung und Pflege, wie die Gemeinden sich das gerne vorstellen und wofür sie zahllose Programme organisieren, bis sich am Ende alles um die Schafe und nichts mehr um Gott dreht. Menschen brauchen GOTT. Sie brauchen jemand, der sie den Weg hierher führen kann. Das reicht!"

„Was ist dann aber das ‚weiden'?" frage ich. Ich hänge in meiner Erkenntnis fest an dem Punkt, dass die Schafe alle abhängig werden von den Pastoren und Leitern und nie selbstständig und reif. Dass sie ihre Bedürfnisse alle auf ihre Leiter projizieren und diese Leiter dann geradezu auffressen …

Ich schaue die Engel hilflos an und bin froh, dass sie mich zu zweit stützen, denn ich fühle mich bei diesen Gedanken auf einmal ganz schwach und ohnmächtig – was gar nicht zu diesem wundervollen Ort passt.

„Das ist es", meint einer der Engel. „Du siehst die Sache in einer Weise, die gar nicht zu diesem Ort passt. Daran zeigt sich die Falschheit der gewohnten Sicht, denn alles dreht sich darum, hierher zu kommen und mit dem Himmel eins zu werden. Hier sind die Schafe ganz anders, als du sie kennst, wenn sie *nicht* hier sind. Sieh noch einmal hin, was da auf dem Hirtenstab geschrieben steht: ‚Weide meine ... *Lämmer'*. Es geht um die Kleinen und Neugeborenen, die Anfänger und Starter. *Sie* brauchen deine Hand und Führung und auch Belehrung, wie das Leben mit Jesus und das Leben im Geist funktioniert. Ja, sie brauchen Hirten, die sie weiden!", sagt der Engel mit fester Stimme.

Wir gehen ein Stück weiter, während ich das Gesagte bedenke. Da kommen wir an einen großen Spiegel, und ich sehe mich darin in meiner jahrelang ausgeübten Hirtenschaft. Ich bin übersät mit Wunden, auf denen „Falsche Hirtenschaft!" steht. Es ist wie ein Kommentar bei den Wunden, woher sie stammen.

Alles falsche Hirtenschaft?!

Im gängigen Gemeindealltag geschehen viele Verletzungen: Man verletzt sich selbst, indem man ein frommer Schauspieler wird und viele Kompromisse mit einem scheinchristlichen Leben und Dienst schließt, der nicht von Jesus, sondern von der Kirche und Tradition definiert wird. Das klerikale System verletzt einen, indem es einen zu einem Funktionär in einer hierarchisch geordneten Organisation macht, die an ganz weltlichen Machtstrukturen orientiert ist, in der Menschen über Menschen herrschen. Und auch Gott scheint einen zu verletzen, indem er nicht alles so absegnet, wie man das gerne hätte, damit man als „erfolgreicher" Leiter einer „erfolgreichen" Gemeinde dasteht. Es ist, als stünde über dem Ganzen dieser so betriebenen „Geistlichkeit" das Urteil: „Falsche Hirtenschaft!".

Während ich vor dem Spiegel auf einer Art Sofa Platz nehme, erinnere ich mich an die heftigen Konflikte, die Jesus mit den

Pharisäern und Schriftgelehrten hatte, weil er sie beschuldigte, falsche Hirtenschaft auszuüben. Das veranlasste sie, ihn zu töten.

Gottes Klage über die falsche Hirtenschaft fasst sich im Propheten Hesekiel, im 34. Kapitel, zusammen und gilt für alle Zeiten. Dort wirft er den Hirten vor, sich selbst zu ernennen und weder ihn – Gott – noch seine Wege zu kennen. Er wirft ihnen vor, dass es ihnen nur um sich selbst geht und darum, wie sie sich an der Herde bereichern können:

> *Das Schwache habt ihr nicht gestärkt und das Kranke nicht geheilt und das Gebrochene nicht verbunden und das Versprengte nicht zurückgebracht und das Verlorene nicht gesucht, sondern mit Härte habt ihr über sie geherrscht und mit Gewalt. Und sie zerstreuten sich, weil sie ohne Hirten waren ...*[2]

Und dann kommt mir die Erklärung für diesen haarsträubenden und nie enden wollenden Missstand falscher Hirtenschaft in den Sinn: Die Hirten meinen, die Schafe gehörten *ihnen*, ihre Gemeinden seien *ihre* Schafe, über die sie von Gott legitimierte Macht ausüben – natürlich nur zu deren Wohl ... Sie tun ihren Dienst gar nicht in direkter Verantwortung vor dem Herrn, sondern im Namen ihrer Organisation, die ihnen vorschreibt, wie es zu laufen hat. Sie beziehen den Dienst so auf sich, als habe Gott ihn ganz in ihre Hände oder in die ihrer Dienstherren gelegt, und handeln auf der Basis ihrer kirchlichen Konventionen eigenmächtig und selbstherrlich. Riesige Imperien und Verwaltungsapparate werden errichtet, die dicke, bürokratische „Handbücher" herausgeben, in denen haarklein geregelt ist, was zu glauben ist und wie es ausgeführt werden soll. Die vollkommene, „heilige" Kontrolle wird als „Frieden" deklariert. In den Dienstbeschreibungen und Regelungen des Verhältnisses der Gemeindemitglieder zum Pastor und umgekehrt kommt Gott nur marginal vor und Bibelstellen werden aus dem Zusammenhang genommen, um Machtverhältnisse zu rechtfertigen, die im Neuen Testament gar nicht zu finden sind und dem Geist Jesu diametral entgegen laufen.

---

[2] Hesekiel 34,4.5a.

Wo Religion zum großen Geschäft wird, sagt Gott:

Siehe, ich bin es, und ich will nach meinen Schafen fragen und mich ihrer annehmen wie ein Hirte ... ICH SELBST werde meine Schafe weiden und ICH SELBST will sie lagern, spricht der Herr, HERR.[3]

„Ja", sagt der andere Engel, als sei er es gewesen, der mir diese Eingebung hat zukommen lassen, „das ist es, was du begreifen musst. Kein Mensch ist Hirte, keinem Menschen mehr gehören die Schafe. Keiner hat Autorität über den anderen und herrscht über ihn. Die ‚Schafe' werden jetzt von Gott selbst geweidet und gelagert. Er allein hat die Macht. Er selbst kümmert sich. Dass ihr seine Hirten seid, bedeutet nicht, dass ihr ihm die Aufgabe abnehmen sollt. Das ist euer Kardinalfehler, dass ihr meint, Gott übergebe die Aufgabe an euch. Damit verderbt ihr alles. Gott *übergibt* euch weder die Aufgabe noch die Macht, er *beteiligt* euch lediglich daran, wie ein Vater seine Kinder an seinen Aufgaben beteiligt und sie mitarbeiten lässt. Beteiligung ist etwas anderes als Übergabe. Nirgendwo steht, dass Menschen beauftragt werden, Gemeinde zu bauen, sondern es steht geschrieben, dass Jesus *seine* Gemeinde baut. Denn er ist der eine Hirte. Und er sammelt eine Herde. Alles muss ganz allein Gottes Eigentum und Sache bleiben, sonst kommt dabei wieder das alte System der Anmaßung heraus, in dem Menschen über Menschen herrschen. Sieh dich um: Alles hier im Tempel ist Gott. Und er wird sein ‚alles und in allen'. Das ist das Ziel.

Nun haben die getäuschten Hirten falsche Hirtenschaft ausgeübt und die Herde ist zerstreut! Alle rennen in verschiedene Richtungen, wie es den Ansichten ihrer Denominationen entspricht. Wenige Diener bringen die Lämmer konsequent hierher, und viele von diesen Dienern sind keine Pastoren, wie ihr euch Pastoren vorstellt. Die Schafe gehören Gott! Er hat sie erkauft mit dem Blut seines Sohnes. Eure Hirtenschaft besteht darin, die Kleinen auf *ihrem* – nicht eurem – Weg mit Gott zu stärken, zu schützen, zu motivieren usw., bis sie euch als Mentoren nicht mehr brau-

---

[3] Hesekiel 34,11.15 (Betonung vom Autor).

chen, da sie selbst den Weg kennen und selbst in der Lage sind, Gott zu fragen. *Seine* Schafe hören *seine* Stimme. Die menschlichen Hirten sind lediglich Helfer des wahren Hirten, aber nicht seine Stellvertreter oder Könige über die Gemeinden. Dies führt zu viel Missbrauch und vielen Verletzungen. Nur einer ist König; ihr alle aber seid Brüder.

Die irdische, eigenmächtige und angemaßte Hirtenschaft hat die Schafe in Unmündigkeit gehalten – zu allen Zeiten. Die Hirten haben die Herde missbraucht, um sich selbst und ihre Organisationen groß zu machen. Du aber bist hierher gekommen, um die wahre Hirtenschaft zu erkennen, und darum helfen wir dir dabei."

Ich sehe mir in dem Spiegel meine Wunden an und frage die Engel, ob diese Wunden wohl jemals heilen werden. „Hier wird alles heil", antworten sie. „Darum bist du ja hier."

Andere Engel kommen herbei und betupfen meine Wunden mit Öl oder benetzen sie sogar mit Tränen … Alle sind ganz liebevoll und emsig um mich bemüht. Nach dieser „Behandlung" fühle ich die Wunden brennen mit einem Schmerz, der Heilung verheißt. Die Wunden geben all ihren Schmerz frei, der in ihnen abgekapselt war. Wie reife Samenhülsen platzen sie auf und geben ihren Inhalt frei. Die aufsteigenden Schwaden werden von den Engeln eingesammelt und fortgebracht zum Kreuz Christi. Sie kommen in die Wunden Jesu! Au weia! So viel Schmerz.

Nach der Erlösung vom Schmerz falscher Hirtenschaft werde ich fraglos stärker sein als zuvor und auch wieder fröhlich werden. Das weiß ich. Ich werde einiges zu lernen haben, um nicht die gleichen Verletzungen wieder zu erleiden und den falschen Weg zu wiederholen. Viele reden von neuen Wegen und von Heilung, aber bei näherem Hinsehen handelt es sich doch um die alten Prinzipien, die sich nur etwas „moderner" eingekleidet haben und so tun, als seien sie frisch vom Himmel gefallen. Ich aber will wissen, wie sich die Dinge in Wahrheit verhalten und wie sie funktionieren.

„Du ahnst es bereits", sagt der eine Engel, „die Hirtenschaft hat für dich noch kein Ende. Du sollst ein Hirte sein nach dem Geschmack Gottes. So wie David es war, der für alle Zeiten ein Vorbild und Typus eines Führers nach dem Herzen Gottes ist.

Und dies ist sein Schlüssel: ‚*nach dem Herzen Gottes'*. Alle, die wahrhaft nach dem Herzen Gottes fragen und darin eintauchen, bewegen sich nicht mehr auf menschengemachten Wegen der Traditionen und Institutionen, sondern gehen die Wege des Geistes, die sich jeglicher Kontrolle und Machbarkeit entziehen. David war ein Mann nach dem Herzen Gottes. Werde auch du ein Mann nach seinem Herzen, dann kannst du die Wege des Geistes gehen und auch andere in die Gegenwart Gottes mit hineinnehmen.

Davids Trachten war, sein Volk hierher in die Gegenwart Gottes zu bringen. Er kultivierte die Anbetung und sorgte für die Einhaltung der Feste, in denen es darum ging, ‚vor dem Herrn zu erscheinen'. Er hielt den Sabbat und lehrte das Achten auf Gott. Er schrieb Lieder und gab diese weiter, um von seinem Volk gesungen zu werden. Er tanzte vor der Lade des Herrn und nicht nur dort! Er suchte das Wunder und das Wunderbare. Er ist ‚mein König', sprach der Herr, er ist ‚mein Hirte!'. Solche Hirten, die Gott lieben und ihm zu eigen sind, die seine Wege suchen und verstehen, diese bringt der große König hierher, um sie zu heilen von den Wunden der Verkehrtheit und sie aufzurichten und zu erfreuen in seinem Hause."

Das Brennen der Wunden lässt etwas nach. Irgendwoher wird mir Kühlung zugefächelt. Ich weiß instinktiv, dass die Engel mir alles ausziehen werden, was nach der Behandlung noch an Kleidung an mir hängt, und dass sie mir dann andere Kleider anziehen werden.

Während ich Kräfte sammle und abkühle, singen die Engel:

Hirtenschaft, wunderbare Hirtenschaft
für die Lämmer und die neu Geborenen!
Hirtenschaft, wunderbare Hirtenschaft,
die auf sie aufpasst und leuchtend über ihnen steht:
Ein Licht, das leuchtet den aus der Finsternis Kommenden
und das den Feind auf Abstand hält.
Ein Mund, der spricht: „Hier geht es lang!"
zu den Verwirrten und Verirrten.
Eine Hand, die den Weg weist
und aufrichtet die Strauchelnden

und sie ermutigt, nur weiterzugehen.
Füße, die fest stehen und die Lämmer hierher begleiten.
Seht, wie sie kommen, verwundet und verwundert!
Seht, wie sie kommen, vorsichtig und doch neugierig!
Seht sie, die die Freude Gottes sind, des großen Hirten,
der sie gerufen hat, sein Eigen zu sein.
Seht, wie die Hirten die Augen aller Lämmer weisen,
nach vorne zu schauen und den König anzusehen.
Seht, welch Entzücken, wenn sie anfangen
zu sehen und zu reden,
die so lange nicht gesehen und geredet haben.
Seht ihre Herzen bebend vor Erwartung und Erstaunen.
Seht, wie die Hirten sie beruhigen
und Zuspruch geben für den Weg.
Alles für sie ist der Weg und das Weitergehen.
Dazu sind die Hirten unter ihnen: den Weg zu zeigen
und das Gehen zu ermuntern.
„Nur nicht müde werden!", sagen die Hirten,
und ja, sie tragen auch einmal ein müdes Lamm.
Ihre Gegenwart in der Herde schreckt die Wölfe.
Die lauern überall.
Und seht, manche haben sich als Hirten verkleidet!
Und mischen sich in die Herde, arglose Schafe zu verführen,
ihnen zu folgen auf ihrem eigenen Weg ins Verderben.
Reißt ihnen die Larve vom Gesicht!
Stellt sie bloß vor den Augen der Lämmer!
Geht schnell an ihnen vorbei und bleibt nicht stehen.
Bis ihr alle versammelt seid im Haus des Lichts
und wisst, ihr seid daheim.

Die Engel singen und tanzen dabei. Es ist eine Wonne. Es macht
Spaß, ihnen zuzusehen und zuzuhören. Das Wohlgefallen Gottes
ruht auf ihrem Lied. *Sie* sind total begeistert von der Hirtenschaft
Gottes und unserer Teilhabe daran. Es ist alles eine Ehre und
Weisheit, die die Klugen der Welt nicht verstehen, weil sie dafür

weder einfach noch selbstlos genug sind. Nur wer keine Macht will, der kann sie haben. Wer genug hat an Gott, der wird Menschen nicht zu eigenen Zwecken missbrauchen. „Genug an Gott haben" – das ist das Ziel der geistlichen Begleitung von Menschen.

„Danke, Engel, für euren Gesang und eure Worte!", rufe ich. „Danke für eure kindliche Begeisterung … das tut so gut. Dieses Entzücken ist mir ganz abhanden gekommen.

Aber bald werde ich genesen genug sein, das alte Gewand ganz abzulegen und ein neues anzuziehen und darin weiterzugehen und zu erfahren, was es hier noch alles zu sehen gibt."

Ich bete: „Mein König, in dessen Thronsaal ich liege! Die Engel haben wunderschön gesungen. Ich habe begriffen, dass es in der wahren Hirtenschaft nicht um Besitzansprüche geht, nicht um Kontrolle und nicht um das Scharen der Schafe um menschliche Hirten. Dass es nicht einmal in erster Linie um die Schafe geht, sondern um die *Lämmer*. Sie brauchen die Unterstützung, um *deine* Schafe zu werden, die *dir* folgen, weil sie *dich* kennen und *deine* Stimme hören und *ihr* folgen, wie es in Johannes 10 so schön heißt. DU bist der Herr, ihr Hirte. Der allgemein bekannte Psalm 23 redet *nicht* über Menschen-Hirten, sondern über DICH. DU wirst sein alles in allen. Halleluja!"

Nachdem die Engel den Schmerz aus meinen Wunden geholt und zu den Wunden Jesu übertragen haben, meine Verletzungen mit Öl behandelt und mir Kühlung zugefächelt haben, während sie das Lied sangen – wie heilsam doch das Vorsingen von Liedern ist; Kinder wissen das noch –, setze ich mich auf und schaue erneut in den Spiegel. Ich sehe mich jetzt nicht mehr gezeichnet und definiert von den vielen Wunden. Sie sind nun nicht mehr die Beschreibung meines Lebens, sie sind jetzt Geschichte.

Ich sehe verjüngt und kräftiger aus. Ich habe, wie ich schon vermutete, nichts an – aber das ist ganz richtig und notwendig so, darum schäme ich mich hier nicht übermäßig. Es gibt in diesem Haus kein Geheimnis und keine Scham. Kleidung ist hier zu anderen Zwecken da, als sich darin zu verbergen …

Einer der Engel erklärt: „Hirtenschaft braucht Wahrheit. Wer mit sich selbst nicht wahr ist, wird auch mit anderen nicht wahr sein können. Dann wird er sie verletzen mit all den Wunden, die ihm selbst zugefügt wurden. Viele Hirten sind *seeehr* verletzt. Sie sind manchmal zu verletzt, um überhaupt noch hierher zu kommen. Dann brauchen diese Hirten Hirten, die sie finden und hierher begleiten. Das ist oft nicht einfach, meinen sie doch, alles zu wissen und den Weg schon zu kennen. Ohne Demut gibt es keine Erneuerung. Die, die geheilt wurden, werden ausgerüstet mit Heilung für andere Verletzte. Denn sie wissen ja, wie es ist, auf der Strecke zu bleiben."

Ich sehe vor meinem inneren Auge Hirten, die gestrauchelt sind und dann von den Schafen einfach überrannt wurden. Ihr Straucheln irritiert die Lämmer sehr. Sie stehen ratlos um den gestrauchelten Hirten und wissen nicht, was sie tun sollen. Die Wölfe jubeln. Denn ein Hirte ist ein Licht. Erlischt das Licht, kommt die Stunde der Finsternis. Und mit ihr die Wölfe.

Ich sehe, wie manche Hirten, die ja in Wahrheit nur Helfer von Jesus sind, vor lauter „frommer" Arbeit und Verwaltung Jesus ganz aus den Augen verlieren können. Unmerklich verlieren sie an Kraft und ersetzen diese durch Bürokratie, durch Regeln, Programme und Agenden. Sie werden im wahrsten Sinne ein „Rädchen im Getriebe" einer scheinheiligen Routine. Aber auch wenn sie eigentlich unzufrieden damit sind, lässt das System nicht zu, dass sie anhalten und zur Besinnung kommen können. Alles muss weitergehen. Die Ansprüche einer modernen Gemeinde sind hoch und die Leute wollen schließlich was geboten bekommen für ihr Geld.

Viele Pastoren und Leiter habe ich kennengelernt, die meinten, sie wüssten schon den Weg und hätten Licht genug, und doch schienen sie so blind zu sein. Was ist mit diesem „zu meinen, man hätte und wüsste …", welches scheinbar so viele zu Irrtümern über sich selbst verführt und zu peinlichem Größenwahn wird?

Ich sehe wieder auf den Stab in der Hand des Engels, auf dem „Weide meine Lämmer!" steht. Da fällt mir ein – und ich weiß, diese Eingebung führt wieder der andere Engel herbei – dass die Bedingung des Herrn für die Aufgabe des Weidens in der Frage an Petrus lag: „Hast du mich lieb?" Drei Mal wiederholt er diese

Frage gegenüber Petrus – von Angesicht zu Angesicht. Es war keine Kirche oder Institution, die diese Frage stellte, sondern der große Hirte persönlich. Da war keine Distanz zwischen Jesus und Petrus und keinerlei Unwahrheit war möglich. Petrus stand wie „nackt" vor dem Herrn und interessanterweise steht dort in Johannes 21,7 sogar wortwörtlich, dass er wirklich nackt war …

Ich weiß, dass mir hier dieselbe Frage gestellt werden wird, bevor ich andere Kleider bekomme. Jetzt sitze ich nackt vor diesem Spiegel und weiß, dass es in der wahren Hirtenschaft um diese Frage geht. Diese eine Frage ist die alles entscheidende Frage – und sie wird immer wieder neu gestellt und beantwortet werden müssen. Wenn wir ihren zentralen Stellenwert vergessen, dann verschiebt sich der ganze Dienst weg von der Beziehungsdimension hin zu einer reinen Aufgabenorientierung. Dann heißt es nicht mehr: „Die Beziehung muss gelebt werden!", sondern: „Die Aufgabe muss erfüllt werden!" Das Geheimnis gelebter Liebe wird immer unwichtiger neben einer rein zweckrationalen Diensterfüllung.

Wer den Herrn liebt, der hat immer etwas Unberechenbares an sich. Er ist in einer inneren Beweglichkeit und in einer „Nachfolge", die mit der Routine eines jahrein, jahraus immer gleichen Gemeinde-Einerleis nicht kompatibel ist und ständig vom auf Jahre hinaus geplanten Weg abweicht, den die vorgesetzte Behörde bereits bestimmt hat.

Wer den Herrn liebt, der will bei dem Herrn sein. Und wer lang genug bei ihm verweilt, der wird vom Heiligen Geist in sein Bild verwandelt und kann dann ein guter Wegweiser für andere sein. Ich sehe, dass Hirtenschaft – wie auch andere Dienste – in vieler Hinsicht ganz unbewusst geschieht. Sie ist der natürliche Ausfluss der Gemeinschaft mit dem Herrn.

Wer den Herrn liebt, braucht weder eine Bühne, um sich dort zu inszenieren, noch braucht er Kontrolle über Menschen, um sich mächtig zu fühlen und seine Minderwertigkeit zu kompensieren. Wer seinen Wert wirklich in Jesus hat, der muss ihn sich nicht mehr von Menschen holen. Ohne Befreiung von einem verletzten und minderwertigen Ego kann es keinen Frieden geben, sondern Missbrauch wird herrschen, auch wenn er sich noch so fromm bemäntelt.

Während ich dies bedenke, kommen auch schon zwei Engel mit dem neuen Gewand für mich herbei. Sie stehen feierlich vor mir – und das Gewand freut sich auf mich, so als wäre es lebendig! Es ist naturweiß mit Goldsäumen und einem roten Herzen auf der Brust.

Die Engel fragen mich mit würdigem Ernst und voller Freude die entscheidende Frage: „Hast du den Herrn lieb?" „Ja, ich habe den Herrn lieb!", antworte ich. Der ganze Saal scheint einen Moment innezuhalten und diesen Worten zuzuhören. „Dann trage das Gewand des großen Hirten der Schafe, welches die Lämmer wie von alleine erkennen werden", erwidern die Engel salbungsvoll.

Nach einer vollendeten Pause fragen sie erneut: „Hast du den Herrn lieb?" „Ja, ich liebe den Herrn, meinen Gott!", antworte ich klar und deutlich. Ich bin selbst etwas überrascht von der Abwesenheit auch nur des leisesten Zweifels an meiner Antwort. Ich muss nicht darüber nachdenken und mein Herz überprüfen, ob das auch wirklich so stimmt. Mein Herz weiß, dass es stimmt. Es weiß das besser, als mein Verstand und meine oftmals schwankenden Gefühle es wissen. „Dann gürte dich mit diesem Gürtel, in dem du den Hirtenstab tragen kannst!", erwidern die Engel erneut mit würdigem Ernst und voll inniger Freude.

Andere Engel treten mit dem Gürtel heran. Sie ziehen mir das Gewand an und legen den Gürtel um meine Hüften. Es ist, als zöge ich Jesus selbst an. Das Gewand ist lebendig. Es ist irgendwie … ER. Es atmet Würde und Bedeutung … und Mission. Nun habe ich *gegürtete Hüften*. Ich denke an Jesaja 45,5, wo es heißt: „ICH gürte dich … damit man erkennt vom Aufgang der Sonne und von ihrem Untergang her, dass es außer mir gar keinen gibt!"

Während ich mich in die neuen Kleider einfühle, kommen weitere Engel mit einer dritten Gabe herbei: einer Krone auf einem Kissen. Mein Haupt muss gekrönt sein mit *seiner* Krone, damit ich unter seiner Autorität handeln kann. Wer diese Krone nicht trägt, kann das nicht tun. Er wird in einer anderen Macht oder seiner eigenen handeln – und das ist die große Tragik des geistlichen Dienstes, den Menschen so sehr aus Gottes Hand genommen und sich selbst und ihren Organisationen zu eigen gemacht haben.

Die Engel fragen angesichts dieser Gabe das dritte Mal: „Liebst du den Herrn?" Ich antworte angesichts der Gabe und Aufmerksamkeit des ganzen Raumes erneut mit fester Stimme ohne Zögern und Zaudern: „Ja, ich liebe den Herrn, meinen Herrn!" Da setzen sie mir die Krone auf – und so stehe ich nun im Hirtengewand mit rotem Herz auf der Brust, mit dem Gürtel gegürtet (bereit, zu handeln) und mit der Krone auf dem Kopf unter der Autorität meines Königs. Ich reagiere auf diese Einkleidung, indem ich einen Schritt vortrete und mich wiegend in einem sanften Rhythmus singe:

Mein König und mein Gott,
großer Hirte der Schafe,
heraufgekommen aus den Toten
in dem Blut der Erlösung und
des ewigen Bundes,
ich liebe dich!
Ich liebe dich!
Ich liebe dich!
Und darum gehe ich in deinem Namen,
bekleidet mit Stärke und Autorität,
den Lämmern zu helfen
mit aller Liebe und Wahrheit des Vaters.
Hierher werde ich sie bringen voller Zuversicht und Glauben.
Hierher werde ich sie geleiten und wir werden uns freuen
und tanzen und jubeln mit den Engeln vor dem Thron.

Ich sehe auf meine Füße, dass sie keine Schuhe tragen und überlege bei mir, dass dieses Barfußsein mich vorsichtig machen wird bei jedem einzelnen Schritt und Tritt. Leute ohne Schuhe laufen ganz anders als welche mit. Jeder Schritt ist bewusster und gewählter.

Dennoch kommen die Engel und streichen etwas auf meine Fußsohlen. „Damit du Ottern und Skorpione niedertreten kannst!"

Ich spüre eine starke Einheit mit dem ganzen Raum. Alle scheinen mich zu grüßen, mir Küsse zuzuwerfen, und die in meiner Nähe legen wohlwollend Hände auf das rote Herz auf dem Gewand auf meinem Herzen. Ich denke, bei so viel Segen kann ja nichts schiefgehen!

Die vielen Engel, die nun bei mir sind, geleiten mich weiter. Eine stattliche Prozession! Einige scheinen mir wie Diener beigegeben zu sein und verschiedene Dinge für mich zu tragen. Ich muss die Aufgabe, den Lämmern und Schafen den Weg hierher zu zeigen, nicht alleine bewältigen. Es gibt eine Menge Beistand. Nie hätte ich mir die Engel so konkret vorgestellt, wie es sich mir jetzt darstellt. Wissen wir um den umfassenden Beistand, den der Himmel für uns hat, werden wir den Dienst ohne Sorge tun können.

KAPITEL 2

Die Schafe des Herrn

Ich selbst will meine Schafe weiden und ich selbst will sie lagern, spricht der Herr (Hesekiel 34,15).

Dann komme ich zu der „Herde des Herrn". Der Herr will mir seine Schafe zeigen. In ihrer Mitte werde ich sie verstehen lernen und ihren Geruch annehmen. Ich gehe mitten in die Herde hinein. Die Berührung mit den Schafen ist eng. Ich muss üben, mich im Gedränge bewegen zu können und nicht umwerfen zu lassen!

Ich sehe, dass die Schafe im Besonderen Zuversicht bei mir sehen wollen. Bin *ich* zuversichtlich, dann können sie es auch sein, meinen sie. Im Gegensatz zu den Schafen bin ich größer und habe einen anderen Blick als sie. Ich sehe auf den Herrn. Ich sehe weit. Ich sehe vieles, was die Schafe völlig ignorieren. Ihre Aufmerksamkeit ist auf das Nächstliegende gerichtet; was darüber hinausgeht, interessiert sie offensichtlich nicht. Viele Schafe scheinen mehr oder weniger *gar nichts* zu sehen. Sie scheinen sich ganz auf die menschlichen Hirten zu verlassen, während ihr Blick auf den Boden gerichtet ist und nicht weiter als bis zum nächsten Grasbüschel reicht.

„Ist das nicht unheimlich?!", rufe ich den Engeln aus dem Gedränge zu. „Ist das denn richtig?!" „So sind Schafe eben", rufen sie beschwichtigend zurück. „Sie sind gar nicht interessiert daran, ‚vieles' zu sehen, so wie du. Sie sind bei sich selbst. Sie können sich selbst zumeist nicht verstehen und auch nicht, was wirklich

Sache ist und wo es langgeht. Ihr Horizont ist sehr beschränkt. Nicht alles im Menschen ist ,Schaf', aber etwas in ihm ist so. Manche richten sich mehr danach, andere weniger. Sie wollen nicht nachdenken und nicht weiter kommen, als es unbedingt nötig ist. Das überlassen sie gerne andern. Dieser Teil der menschlichen Natur ist es, der von den Machthabern der Welt so häufig ausgenutzt wird und von den Hirten viel Geduld braucht! Denke nur an die Geduld des großen Königs.

Orientiere dich nicht an den Schafen, sondern sie sollen sich an dir orientieren, damit du sie an dem großen Hirten der Schafe orientierst. Denke daran: Er kennt sie *alle* mit Namen! In deinem Hirtengewand ist *seine* Hirtenschaft unter den Schafen präsent. Darum geht es: Immer auf *seine* Sorge, *seine* Führung, *seine* Präsenz hinzuweisen. Auch wenn es den Schafen unbequem ist, müssen ihre Häupter unentwegt hochgehoben und ihr Blick gestärkt werden, ihren wahren Hirten zu sehen, welcher Jesus ist. Menschliche Hirtenschaft kann diesen Prozess des ,Aufhebens-der-Augen' fördern und ermuntern, aber nicht ersetzen. Wer den Herrn nicht sieht, kann nicht sein Schaf sein. Er ist dann das Schaf einer Organisation, Kirche, Vereinigung oder Leitungspersönlichkeit. So aber darf es nicht sein, denn *einer* ist Hirte und *seine* Schafe orientieren sich an ihm und folgen ihm. Sobald geistliche Führer und Institutionen anfangen, die Schafe des Herrn an sich selbst zu orientieren und zu binden, wiederholt sich der große Missbrauch, den Gott beschlossen hat, für immer zu beenden, indem *er selbst* der Hirte wird und seine Schafe jeglicher anderer Machtinstanz entreißt. Darum sind die menschlichen Hirten nicht autorisiert, über die Herde zu herrschen, sondern ihr als Ältere und Vorbilder zu dienen. Sie setzen alles daran, dass jeder für sich selber die Beziehung mit dem wahren Hirten eingeht und kultiviert. Mehr ist nicht nötig. Dass Menschen Jahre und Jahrzehnte in Kirchen gehen und den Herrn dennoch kaum kennen und die Verantwortung ganz auf ihre Oberen abwälzen, ist eine schlimme Verfehlung, die das Evangelium zunichtemacht."

Die umgekehrte Idee, sich nicht von Offiziellen und mächtigen Denominationen, sondern von den Schafen führen zu lassen, wohin sie in ihrer Kurzsichtigkeit selber wollen, ist auch nicht der angesagte Weg, geht mir durch den Sinn. Schafe, die sich selber weiden, können zwar Schafe, aber nicht *seine* Schafe sein. Jedoch kann ich kein Schaf zwingen, auf Jesus zu achten. Ich achte auf sie im Namen des Herrn und andersherum achten sie auch auf mich im Namen des Herrn. Das geschieht in einer Haltung der gegenseitigen Liebe und des Vertrauens, die man nicht „verordnen" kann. Es braucht auf beiden Seiten ein Erkennen und Anerkennen, welches nicht hierarchisch-institutionell festgelegt, sondern nur vom Geist gewirkt wird. Nur scheinen viele „Schafe", aber ebenso ihre Leiter, sich herzlich wenig nach dem Heiligen Geist zu richten. Auch der hat sich innerhalb ihrer festgelegten Strukturen zu bewegen, oder er wird nicht anerkannt. Sie „regeln" die Beziehung untereinander wie gehabt hierarchisch-institutionell und nicht geistlich.

Ich weiß, hier sind noch weitere Lektionen zu lernen. Zum Beispiel frage ich mich, was es mit dem Hirtenstab auf sich hat. Er war nicht Teil der Einkleidung gewesen, aber im Gürtel ist Platz für ihn. Der Engel hatte ihn für mich getragen. Ich denke wieder an Psalm 23: „Dein Stecken und Stab trösten mich – im dunklen Tal." Der Stab verlängert die Reichweite der Hand des Hirten. Mit ihm deutet er auf Schafe oder Wölfe oder Situationen und diese bekommen es mit der Autorität des Hirten zu tun. Er legt ihn beruhigend auf den Rücken eines Schafes. Er ist ein Symbol und ein Werkzeug, ein großes Zeichen des immerwährenden Weitergehens. Die Herde wird nie sesshaft. Sie zieht immer weiter. Wenn eine Gemeinschaft sich „niederlässt", ihre Wiese irgendwann restlos abgegrast hat und nur mehr in Erinnerungen vergangener Fülle schwelgt, während sie im Heute am hungern ist, dann hat sie den Kontakt mit dem großen Hirten verloren. Denn er wird die Schafe immer wieder aufbrechen lassen, bis sie in der Fülle der Gegenwart Gottes angelangt sind und ein- und ausgehen und Weide finden.

Die Herde ist begleitet von Engeln. Die Schafe sehen die Engel allerdings nicht und können sich sehr allein fühlen – mitten in der Herde und umgeben von lauter Engeln! Immerzu fordert der Hirte sie auf, doch ihre Köpfe einmal zu heben und ihre Augen aufzumachen. Viele scheinen sehr fixiert zu sein auf das Büschel Gras vor sich und darauf aufpassen zu müssen, dass es ihnen kein anderes Schaf vor der Nase wegfrisst. Dass sie in einem ganzen Land voller Gras stehen, ist ihnen nicht bewusst. Sie sehen keine Fülle und haben Angst, zu kurz zu kommen. Es ist so schrecklich töricht, dass man darüber gleichzeitig lachen und weinen möchte. Angesichts der Engel ist mir das Verhalten der Herde geradezu peinlich. Die Engel aber sind immer begeistert und am Singen. Ihre Zuversicht ist vollkommen. Sehr ermutigend!

Ich schaue immer nach dem Herrn aus, ich achte auf „die Wolke und das Feuer", wie es die Israeliten nach dem Auszug aus Ägypten in der Wüste taten, damit sie wussten, wohin die Gegenwart Gottes sich bewegte – und so gehe ich mit den Schafen. Dadurch bleiben wir im Schatten des Allmächtigen. Seine Nähe ist unser Zuhause. Es gibt keine denominationelle Orientierung. Die Orientierung ist allein die Wolke, das Feuer, die Nähe. Nur so geht die Herde Wege, auf die kein Mensch je käme, so wie sie einst durch das Rote Meer und die Wüste ging.

Wir lesen diese inspirierenden Geschichten in der Bibel, als wäre Gott heute ein ganz anderer, der jetzt nicht mehr solche Wege mit den Menschen geht, aber das ist ein tragischer Irrtum. Gott ist kein Gott des Stillstandes und der immer gleichen Wiederholung, um uns einzuschläfern, sondern ganz im Gegenteil ein Gott des Aufbruchs und der Erweckung, der uns auffordert, aufzustehen aus dem Schlaf und Wege zu gehen, die Mut und Vertrauen brauchen. Da hören menschliche Verwaltungskonzepte auf und institutionelle Kontrollmechanismen greifen nicht mehr. Gott kann man weder verwalten noch kontrollieren. Und je enger Menschen an ihm dran sind und sich in sein Bild verwandeln, was das einzige Interesse des Heiligen Geistes ist, desto weniger kann man auch diese verwalten und kontrollieren.

Jesus, der uns das Vorbild ist, konnte man absolut nicht verwalten und kontrollieren. Die Pharisäer versuchten es nach allen Regeln der Kunst, aber er ließ sich nicht packen. Er rief auch niemals dazu auf, eine „Kirche" zu gründen, die dann seine „Anhänger" verwaltet und kontrolliert, sondern er rief dazu auf, in die Gegenwart Gottes zu kommen, so, wie er selbst in ihr zu Hause war. Das ist das Ziel der Erlösung von unseren Sünden. Mir ist völlig klar, dass die Herde in dem Moment aufhört zu existieren, wenn sie die Nähe zu Gott verliert. Sie vergisst dann sehr schnell, wer sie eigentlich ist und wo es für sie langgeht. Sie zerstreut sich oder wird künstlich durch Tradition mit Verwaltung und Kontrolle zusammengehalten, um die Organisation zu erhalten.

Ich sehe auch Adler über der Herde kreisen, die sehr weit blicken können und mir das Kommende mitteilen. Ich bin immer vorbereitet und muss mir keine Sorgen machen, was wohl hinter dem nächsten Hügel auf uns zukommt.

Ich erlebe, wie ich auf einmal aus der Herde aufsteige zu den Engeln, die sie ja umgeben, und mit ihnen über der Herde singe und tanze. Einige aus der Herde kommen dazu und machen mit. Das, was ich hier erlebe, gleicht der Situation, als Jesus bei seiner Verklärung auf dem Berg die Menge unten im Tal zurücklies und nur drei Jünger auf die Höhe mit sich nahm.[1] Es zeigt mir, dass die Identität Jesu nicht in seiner Arbeit und nicht in der Herde der Menschen war, die zu ihm kam, sondern in Gott, dem er auf dem Berg begegnete. Und diese Begegnung war derart stark, dass sein Angesicht leuchtete wie die Sonne und die Jünger bei ihm sehr irritiert und erschrocken waren. Sie hatten so *ihre* Vorstellungen von Jesus gehabt. Aber wie schon zuvor wurden ihre Bilder und Meinungen auf dem Berg wieder einmal zerbrochen und sie erlebten, dass Jesus größer war und anders, als ihre bisherige Erkenntnis von ihm. Menschen neigen immer dazu, das Unfassbare und das Mysterium fassen und erklären zu wollen, bis davon schließlich nichts übrig bleibt als langweiliger Dogmatismus. Es fällt schwer, den Horizont offen und Gott Gott sein zu lassen, den wir nicht in unsere Vorstellungen und Lehren einsperren können, um dadurch das gute Gefühl zu haben, alles im Griff zu haben – Gott inklusive.

Wunderbar ist das Leben!
Ein Tanz im großen Tanz,
eine Teilnahme am Wunderbaren,
das geschieht um mich her
im Himmel und auf der Erde.
Ich tanze mit den Engeln!
Ich singe mit ihnen:
„Herrlichkeit und Ehre!"
Ich laufe vor und zurück,
ich strahle vor Freude
und zeige mich mit Schönheit und Erhebung.
Ich bin Anbetung
und überlasse mich der Hand des großen Königs
mit Vertrauen und Erwartung von Segen und Erhebung.
Mein König wird mich erheben aus dem Staub
und aus der Klage,
aus der Grube der Nichtigkeit

---

[1] Vgl. Markus 9,2-9.

und aus der Grube der Rollen, die Menschen spielen
und die sie mit dem Leben verwechseln.
Ich bin keine Rolle.
Ich bin ich … in ihm, der ER ist.

Ich bete: „Herr, mein Gott, diese Worte sind überaus wunderbar! Ich bin bereit, weiter zu lernen über die wahre Hirtenschaft. Ich tanze über der Herde mit den Engeln – und weiß, dass das wichtig ist, um mich nicht an die Arbeit und die Herde zu verlieren. Sie dürfen nicht meine Orientierung sein, sondern DU. Du bist die Orientierung und zerbrichst immer wieder die engen Bilder. Die Erfahrung deines Tempels und Throns, deiner Nähe und dein ‚Alles in allem'-Sein, mein Gott, das lässt auch mein Gesicht leuchten wie die Sonne und gibt mir Frieden."

Und der Herr antwortet auf mein Gebet: „Das Tanzen auf der Herde mit den Engeln löst dich von der Erdenschwere der Herde und segnet sie mit der Leichtigkeit von oben. Dieser Segen ist überaus wichtig! Das Schwer-Werden hat damit zu tun, dass ihr den Blick von mir abwendet und dadurch die Übereinstimmung mit eurem wahren Selbst verliert, und auch damit, dass ihr euch mit Dingen überfrachtet und beschäftigt, die euch nicht aufgetragen sind, euch damit zu befassen.

Auch sollte die Herde nicht rückwärts gehen oder stillstehen. Sie verweilt nie lange an einem Ort. Sie *zieht*. Das menschlich-dämonische Konstrukt von Gemeinde aber will eben alles andere als ziehen. Sie will einmal einen Stand erreichen und sich dann niederlassen. So geschah es in Ägypten für Jahrhunderte. Was dabei herauskam, weißt du ja. Der negativen Kraft, anzuhalten und dann nicht mehr hochzukommen und weiterzugehen, ist Widerstand zu leisten.

Auch befallen die Herde zahllose Versuchungen, wenn sie zu lange auf der Stelle sitzt. Unzufriedenheit und Streit untereinander sind Anzeichen von diesem zu vermeidenden Stillstand.

Dann ist da noch das Vergessen. Die Schafe sind gut darin, den Herrn, die Gnade des großen Königs und überhaupt alles Gute, Wahre und Gerechte, Schöne, Duftende usw. schnell zu vergessen und aus den Augen zu verlieren. Die Idee, ihr Haupt zu erheben und den Herrn anzusehen, entfällt ihnen allzu leicht. Sie starren auf den Boden vor sich und wünschen, den Herrn *dort* zu sehen. Schon wenn du über die Herde aufsteigst und tanzt, meinen manche Schafe, sie seien verlassen. *Vergessen und Gefühle der Verlassenheit* gehen Hand in Hand. Ein großes Werk der Liebe ist also das unentwegte Erinnern daran, dass sie die Herde des Herrn sind. Dass sie nicht dem Boden vor ihrer Nase gehören, sondern Gott. Dass sie berufen und erwählt sind und den Weg in die Herrlichkeit gehen. Dass die Engel sie umgeben und die größte Fürsorge sie umhegt.

Der Unglaube der Herde ist immer wieder erschütternd, so wie ihr das von Israel auf dem Weg durch die Wüste lest. DU aber – Hirte – du darfst *nicht* vergessen und nicht das Gefühl haben, verlassen zu sein! Du verkörperst vor den Augen der Schafe die Erinnerung an den großen König und seine hohe Berufung. Von dir muss diese Erinnerung und Nähe des Herrn ausgehen, die die Verlassenheit vernichtet. In deiner Gegenwart muss es klar werden, was doch ganz klar ist. Du hebst die Häupter hoch und weist hin auf mich. Damit sie sich erinnern und wieder aufwachen. Der Hang zum Einschlafen ist groß, darum müssen sie in Bewegung bleiben. Ein wenig stehen bleiben, ein wenig hinlegen – und die Müdigkeit überwältigt sie wie ein gerüsteter Feind. Also muss von dir Wachheit und Bewusstheit fließen, Aufbruchsstimmung und die *Lust*, weiterzugehen.

So gibt es eine Menge zu tun in der Herde, aber das Tun fließt aus dem Sein. Darum sei bei mir, wie ich bei dir. Frage nach mir und ich antworte dir. Immer. Der Glaube daran, dass *keine* Antwort kommt, ist noch immer so furchtbar groß. Und ganz absurd. Wirst du den, den du liebst, nicht hören? Und wenn ihr mich, die Liebe, liebt, dann hört ihr mich auch an. Dann strahle ich in unbändiger Freude! Dann durchschauert den Himmel die Freude ‚über einen Sünder, der umkehrt‘."[2]

Ich frage mich, was in der Herde eigentlich so im Detail passiert. Wie gehe ich mit den Schafen ganz persönlich und individuell um? Und wie finden die Schafe sich eigentlich untereinan-

---

[2] Vgl. Lukas 15,7.

der zurecht? Ich habe bereits begriffen, dass Hirten und Schafe, die von der Gegenwart Jesu leben und geführt werden, unabhängig von Denominationen und Gemeindegrenzen sind. Diese Zäune sind künstlich und zeigen zumeist etwas von der falschen, verletzenden Hirtenschaft, wo Menschen sich um Menschen scharen und nicht um den Herrn und wo der Herr letztlich unwichtig ist und die Herde sich selbst regiert. Jetzt begreife ich auch, dass Jesus zu Petrus nicht nur von den Lämmern spricht, die Hirten brauchen, weil sie Anfänger sind, sondern im weiteren Verlauf des Gespräches auch von den Schafen. Denn es gibt auch Schafe, die den Weg des Herrn nicht gehen und ihn gar nicht wirklich kennen, obwohl sie lange schon Christen sind. Sie zu gewinnen, zu führen und in die wahre Herde zu reintegrieren, das ist eine schwierige Sache. Sie sind an die falsche Hirtenschaft gewöhnt, und nun kommt ihnen die wahre falsch vor.

KAPITEL 3

Das System

Wehe euch Gelehrten! Denn ihr habt den Schlüssel der Erkennt-
nis weggenommen; ihr selbst seid nicht hineingegangen, und die
hineingehen wollten, habt ihr daran gehindert (Lukas 11,52).

Im Geist sehe ich mich mit meiner Herde ziehen und einer anderen Herde begegnen, die mir entgegenkommt und offensichtlich
in die genau entgegengesetzte Richtung unterwegs ist. Das ist
seltsam, und es stellt sich die Frage, wie das möglich sein kann.
Wenn doch *einer* der Hirte der Schafe ist und alle menschlichen
„Hirten" nur seine Helfer, wie können dann verschiedene Herden
in verschiedene Richtungen unterwegs sein? „Da sind Konflikte
vorprogrammiert!", denke ich bei mir. Ich beobachte, wie die
Engel sich schützend um die Herde stellen und die Adler unruhig
über der Gruppe kreisen.

„Wo gehst du denn hin, Hirte?", begrüße ich den anderen Hirten.

„Wir sind auf dem Weg zu einer Konferenz. Hast du davon gehört? Voll angesagt! Da wird richtig was abgehen, sag ich dir.
Willst du nicht auch dort hingehen? Wir erwarten, dass wir
Durchbrüche hin zu Erweckung erleben und dass die Schafe hier
endlich gehorsam werden, was den Zehnten betrifft."

Der Hirte hat ein Programm in der Hand. Er hat auch andere
Papiere bei sich. Er ist sehr beschäftigt und sieht nach einem
echt „guten" Hirten aus, der wirklich sehr mit seiner Herde be-

fasst ist. Wie kann es also sein, dass wir in entgegengesetzte Richtungen unterwegs sind? Wie verwirrend!

Ein Adler setzt sich zu mir nieder und sagt: „Ja, das ist verwirrend, wenn man nicht den größeren Zusammenhang sieht. Dieser Hirte läuft von dieser Konferenz zu jener anderen Veranstaltung. Er zieht mit seiner Herde ziellos umher von Weide zu Weide und meint, Hauptsache, die Schafe haben wieder was Neues zu fressen, sind beschäftigt und bleiben in seiner Herde. Nicht, dass alles, wo er mit ihnen hingeht, böse und verkehrt wäre – nur, es ist nicht der Weg des Herrn. Er beachtet seine Adler gar nicht, die ihn den großen Zusammenhang sehen lassen könnten und damit ermöglichen, das Gute vom Wesentlichen zu unterscheiden. Konferenzen, Bücher, Trends und Themen mögen in sich gut und interessant sein, aber sie sind nicht geeignet, die Herde zu *führen*. Von einer Konferenz und Lehre zur anderen zu ziehen, ist nicht schlecht im Sinne von böse, aber es ist nicht der Weg. Jesus ist der Weg ... niemand kommt zum Vater, als durch ihn. Gerade in einer Zeit, die so viel Zugang zu Lehre, Information und Inspiration bietet, gilt es, auf uns Adler zu achten und die Augen fest auf Jesus gerichtet zu halten. Wir Adler helfen immer dazu!

Sieh nur, wie das Land hin und her von Herden durchzogen wird, die allem Möglichen folgen, aber nicht dem Herrn, weil die Hirten selbst ihn aus den Augen verloren haben und hoffen, ihn durch diese und jene Veranstaltung wiederzufinden oder zumindest die Herde bei Laune zu halten. Es wird ja was getan! Die ‚Arbeit‘ geht weiter ...

Ein Hirte, der die Orientierung verloren hat, muss sich aus dem Dienst zurückziehen und so lange für sich alleine in die Wüste gehen, bis er wie Elia an den Berg Gottes kommt und dort wieder erfährt, wer er selbst ist, wer Gott ist und was er eigentlich zu tun hat. Hat er diesen Weg zum Berg Gottes gefunden, kann er wieder zurückgehen und die ganze Herde hinbringen.

Denke daran, wie auch Mose immer wieder von Gott abgesondert wurde, weg vom Volk, damit klar war: Mose gehört nicht dem Volk, sondern Gott ... und anders herum: Das Volk gehört nicht Mose, sondern Gott. Verliert ein Hirte seine eigene Geschichte mit Gott aus den Augen und arbeitet nur mehr vor sich hin, geht er mit der Herde im Kreis. Sie drehen sich um sich selbst und nicht um den Herrn, dem sie eigentlich gehören und der sie ins verheißene Land führt.

Es ist vielerorten so, dass die Gemeinde sich in der Wüste niedergelassen hat wie einst Israel. Sie haben dort ihre Konferenzen und ihr ‚Kirchentum' eingerichtet, um sich selbst zu erhalten. Aber ‚sich erhalten' ist nicht ‚den Weg in die Herrlichkeit gehen'. Vielen Herden und Hirten geht es rein um den Selbsterhalt. Sie haben längst ihr Ziel aus den Augen verloren und wandern desorientiert umher. Irgendwann lassen sie sich nieder und bewegen sich gar nicht mehr. Dann leben sie aus der Vergangenheit und verwalten nur mehr eine Tradition. Eine solche Herde ist ein äußerst trauriger Zustand! Die Adler fliegen hilflos, die Engel vergessen ihren Tanz und die Wölfe triumphieren."

Ich schaue den emsigen Hirten an, der sich fragt, was *ich* eigentlich so mache. Den Adler scheint er nicht wahrgenommen zu haben. Sein Blick ruht etwas misstrauisch auf mir. Seine Augen suchen an mir nach Zeichen eines Hirten, wie er ihn sich vorstellt, jedoch findet er so wenig davon. Wo ist meine Agenda? Wo meine Programme? Wo ist meine Begeisterung für die Konferenz? Wie ist meine neueste Betreuungsstrategie und wie meine Finanzpolitik? Welche Projekte laufen? Welche Besprechungen und Fortbildungen, Freizeiten und evangelistischen Aktionen sind in Vorbereitung? Er findet an mir nichts dergleichen und ist schnell davon überzeugt, dass ich ein Narr bin und keine Ahnung habe, worum es im geistlichen Dienst geht und wo es mit der Gemeindearbeit langgeht. Er kann nur hoffen, dass mir kein Schaf folgt, denn dann wird es ja die Konferenz verpassen und all die wunderbaren Programme, Veranstaltungen und Projekte versäumen, die es „auferbauen" und dazu bringen werden, ein gutes Schaf zu sein.

Dass ich so gar nichts aufzuweisen habe, ist auch mir irgendwie peinlich. Aber ich verteidige mich nicht und verstehe nun, dass wir tatsächlich auf zwei sehr unterschiedlichen Wegen gehen und unsere Vorstellungen von Hirtenschaft sich nicht decken. Bei seiner Rede, die er mir hält, steht wer weiß was alles im Fokus – aber nicht Jesus. Ich aber wollte gerne nur von ihm reden. Von

Herrlichkeit und Nähe, dem Tempel und dem Gewand Gottes, welches ihn füllt, von den Liedern der Engel und so weiter. Aber irgendwie klingt das angesichts dieses total engagierten Hirten alles so lächerlich und uneffektiv, so abgehoben und unrealistisch, dass ich es lieber sein lasse. Wir haben keine gemeinsame Basis. Wir können nicht wirklich miteinander reden.

Ich frage mich dabei, welcher *Mensch* eigentlich hinter dieser Rolle steht, die diese Gestalt mir vorspielt. Da, einen Moment lang, öffnet mir der Geist den Blick auf das, was hinter der Fassade dieses kirchlichen Funktionärs vor sich geht. Ich sehe einen schwitzenden Arbeiter in einer großen Maschine einen Hebel bedienen, so wie ein Pferd oder Esel einen Kurbelstab immer im Kreis zieht – der Mann darf nicht nachlassen, sonst bleibt die Maschine stehen und er wäre schuld daran. Er ist von der Maschine ganz vereinnahmt, ein Teil von ihr und in ihrem Frondienst gefangen für immer.

Ich gehe in dieser Vision zu diesem Mann hin und frage ihn bei seiner angestrengten Arbeit: „Was ist das für eine Maschine, die du bedienst?" „Das ist das Reich Gottes", sagt der. „Wie bitte?!", entfährt es mir. Er wirft mir einen missbilligenden Blick zu und meint: „Wenn nur alle ihren Platz darin einnähmen und ihre Arbeit tun würden, dann würde die Maschine schon funktionieren. Aber solche wie du, die entziehen sich der Arbeit Gottes und sind schuld, dass nichts funktioniert, wie es sollte."

Der Mann ist wütend auf die unwilligen und „faulen Arbeiter". Ich verstehe auf einmal, dass solche wie er irgendwann die Nase voll haben von solchen wie mir und bereit sind, die „nichtsnutzigen" Brüder gewaltsam rauszuschmeißen oder aber im Gegenteil bitter zu resignieren. Der Frondienst in der Maschine wird auf Dauer nur Aggression und Depression hervorbringen. Auch ist klar, dass die Maschine eben eine Maschine ist, die dem Mann nie danken wird, was er tut.

„Wie kann der Mann nur auf die Idee kommen, dass diese Maschine das Reich Gottes ist und durch *seine* Anstrengung ,am Laufen' gehalten wird?! Adler, weißt du es oder wer kann mir das sagen?" Ich frage es in die ganze Runde der Adler und Engel. Da kommt der Engel herbei, der mir schon im Thronraum das Verständnis geöffnet hatte und lenkt meinen Blick auf eine dunkle Ecke des Raumes, in der der Mann arbeitet. Da erkenne ich auf einmal Jesus im Schatten stehen. Er steht abseits und ist in dem dämmrigen Licht des hässlichen und schmutzigen Raumes kaum sichtbar. Er hat seine Hände einladend zu dem Mann hin ausgestreckt und sagt: „Komm doch her zu mir, mein Lieber, der du mühselig und beladen bist – und ich werde dich erquicken und deiner Seele Ruhe verschaffen." Der Mann aber kann Jesus gar nicht wahrnehmen, er ist viel zu beschäftigt mit dem genauen Gegenteil dessen, was Jesus ihm anbietet. Er hat keine Zeit, zu ihm zu kommen, und außerdem müsste er dafür ja den Hebel loslassen und den Stillstand der Maschine riskieren. Er findet die Mühe und Last, die er trägt, auch korrekt und meint, dies sei ihm nun einmal von Gott auferlegt. Er ist ganz auf Leistung ausgerichtet und gar nicht auf Ruhe. Da verstehe ich noch besser als zuvor, warum wir wirklich in entgegengesetzte Richtungen unterwegs sind! Ich gehe von dem armen Mann weg zu Jesus in der Ecke und setze mich zu Jesu Füßen, was den Mann provoziert und nur noch ungehaltener macht. Es ist die exakte Situation von Maria und Martha.[1]

„Ich arbeite nicht in deiner Maschine!", sage ich zu dem schwitzenden Pastor und bin überrascht von meinem Mut, das klar und geradeheraus anzusprechen.

„Dann bist du ein Verräter!", erwidert dieser und ist sichtbar stolz darauf, dass *er* kein Abtrünniger ist.

„Ja, ich diene der Maschine nicht mehr, aber früher hab ich das genauso gemacht wie du", sage ich, „und ich glaube auch nicht mehr, dass sie das Reich Gottes ist. Ich glaube, das Reich Gottes ist hier bei Jesus, und nur dort."

Er klärt mich auf: „Wir arbeiten seit Jahrhunderten an dieser Maschine. Sie ist sehr alt und sehr kunstvoll gebaut. Sie wird von den Treuen am Laufen gehalten bis ans Ende. Und *jeder hier* weiß, das es das Reich Gottes ist und wir mit dieser Arbeit Gott dienen."

---

[1] Vgl. Lukas 10,38-42.

„Klar", denke ich, *jeder in der Maschine* kann ja auch nichts anderes sehen als nur die Maschine. Er lebt ja darin. Er kennt das Draußen gar nicht."

Jesus steht auf, nimmt mich an der Hand und wir verlassen den Raum. Er zieht mich durch endlose Gänge der Maschine, die alle furchtbar trist, eng und dämmrig beleuchtet sind. Überall eiserne Türen und Schotte wie auf einem alten U-Boot. Wie könnte jemand jemals den Weg hier herausfinden, als nur an der Hand Jesu? Es ist wie ein Labyrinth. Schließlich treten wir unvermittelt durch eine letzte Eisentür ins Freie. Unglaublich frische Luft trifft mich wie ein Schlag. Das Licht ist blendend und alles so bunt um mich her. O, wie wunderschön ist die Welt außerhalb der Maschine! Ich sehe Menschen unter Bäumen und sie scheinen so „normal" zu sein. Manche lachen. Der Kontrast zwischen drinnen und draußen ist krass. Ich atme auf und muss mich erst einmal an das Licht und die Farben gewöhnen – aber am meisten an die Offenheit und Weite, denn in der Maschine war alles eng und beklemmend.

„Herr, was willst du mir mit dieser Vision zeigen?", frage ich.

Er beginnt es mir zu erklären und sagt: „Das ‚Haus der Mühsal‘ ist geschieden von der Welt. Seit Jahrhunderten möchte dieses Haus die Welt zu sich ‚einladen‘, aber richtiger muss es heißen, dass es die Menschen vereinnahmen und sich ‚einverleiben‘ möchte. Die Maschine hatte durch die Jahrhunderte hin ein unterschiedliches Aussehen, aber in ihrem Wesen ist sie ein System, welches Menschen verschlingt und versklavt. Ein Ungeheuer ...“

„Heißt das, der Pastor da drin arbeitet ‚im Ungeheuer‘ und nicht ‚in Christus‘?“, frage ich erschrocken über die Ungeheuerlichkeit dieser Aussage.

„Ja, genau das heißt es. Er ist noch nicht bereit, mir zu folgen und die Maschine zu verlassen. Alle seine Gebete sind um Kraft, die ich ihm geben soll, da drin weiterarbeiten zu können. In meinem Erbarmen gebe ich ihm auch Kraft, damit er nicht umkommt, sondern vielleicht zu irgendeinem Zeitpunkt doch noch zur Besinnung und einmal wirklich zu mir kommt um meinetwillen und nicht um seiner Arbeit willen.“

Jetzt, von außen betrachtet, sieht die Maschine aus wie eine riesige Krone. „Sie hält sich wirklich für das Reich Gottes!“, denke ich schockiert. „Sie hält sich für göttlich legitimiert; für die Krönung. Für die Herrschaft des Himmels auf Erden. Es geht ihr um Macht.“

Ich denke an die Ältesten in der Offenbarung, die ihre Kronen zu den Füßen des Lammes werfen.[2] „Ich will, dass Jesus die Krone bekommt und er alleine die Herrschaft und Herrlichkeit hat!“, bekenne ich laut, um mich ausdrücklich von der ungeheuerlichen Anmaßung des Systems zu distanzieren.

„Dass die Maschine so aussieht, bedarf unendlicher Mühe und Arbeit und ebenso viel an Selbstbetrug“, sagt der Herr. „Der Drache tarnt die Maschine als Krone! Er ist ein Meister der Lüge.“

Auf der Krone steht: „Ich bin Gott.“ Es ist so krass!

Dann befinden wir uns zurück in der Vision der Hirtenschaft, in der ich diesem Hirten gegenüberstehe. Ich sehe, wie halb durchsichtig die Krone der Maschine über seinem Haupt schwebt und

---

[2] Vgl. Offenbarung 4,10-11.

ihm unter ihrer Autorität die Kraft und der Trug der Maschine zufließen.

Schnell verabschiede ich mich freundlich und lasse ihn vorbeiziehen zur Konferenz und all der Arbeit, die auf ihn wartet. Er hat auch wirklich weder Zeit noch Lust, sich weiter mit mir – einem Unnützen und Abtrünnigen – abzugeben.

„Puh!", denke ich, während die Adler und Engel wieder ihren gewohnten Platz einnehmen. „Es geht also um Macht. Es geht immer um Macht, um Hierarchien, um oben und unten, Größe und Ruhm, Dominanz und Vorherrschaft." O ja, ich kenne diesen Sog zu Prestige und Erfolg als Gemeinde. Immer ist die Frage die nach der Zahl der Besucher, nach der Technik, den Räumen und wie professionell die Vorstellungsbroschüren der Gemeinde sind. Dass Jesus das genauso will, wird vorausgesetzt. Schließlich will er ja „Menschen fangen".[3] Und da nehmen wir ihm die Aufgabe doch gerne ab und werfen die Netze nach den neuesten Marketingmethoden aus, um Menschen zu manipulieren und auf unser „Produkt" aufmerksam zu machen.

Ich entschließe mich neu, Jesus die Aufgabe *nicht* aus den Händen zu nehmen, sondern ihn die Menschen selber „fangen" zu lassen auf *seine* Weise und mich darauf zu beschränken, mich nah an ihn zu halten.

Ich erinnere mich, dass die Jünger Jesu, wie uns in den Evangelien berichtet wird, die absurdesten Ideen ausbrüteten, wie sie Menschen „evangelisieren" wollten bis dahin, dass sie Feuer vom Himmel auf die regnen lassen wollten, die das Evangelium nicht aufnehmen würden. Schließlich wurde Jesus richtig wütend über sie und meinte: „Wisst ihr nicht, wes Geistes Kinder ihr seid?!"[4]

In der Kirchengeschichte hat der Klerus das mit dem Feuer dann ausgiebig nachgeholt und zahllose Menschen auf Scheiterhaufen verbrannt – und so seine tödliche Macht demonstriert. Natürlich im Namen Gottes. Da wurde „evangelisiert" mit Folter und Schwert. Mit unbeschreiblicher Angst und Schrecken wurden ganze Völker „unterworfen". Ja, die Maschine ist ein grausames,

---

[3] Vgl. Lukas 5,10.
[4] Vgl. Lukas 9,54-56.

religiöses System, welches das Evangelium ins Gegenteil von dem verwandelt, was es ist. Eigentlich ist das Evangelium so schön, dass es alle Menschen ruft, *Kinder* Gottes zu werden und ihm alle Macht zu lassen, so wie Kinder gar keine eigene Macht haben, sondern unter der Obhut der Eltern stehen, die ihre Macht für sie einsetzen. So würden alle Menschen Brüder sein und keiner würde über den anderen herrschen. Aber wie es aussieht, haben die „Kinder" die Herrschaft über das Haus übernommen und spielen eifrig „Gott".

Jesus steht vor der Tür und klopft an, aber das „Haus der Mühe" ist viel zu beschäftigt mit sich selbst, als dass es sein Klopfen hören und ihm die Tür öffnen würde.[5] Außerdem ist unklar, was Jesus tun würde, wenn er tatsächlich hereinkäme. Wer weiß, vielleicht hätte er wie einst im Tempel von Jerusalem die Peitsche in der Hand und würde alles durcheinanderbringen.[6] Nein, die fromme Maschinerie läuft durch die Mühe ihrer vielen Arbeiter und Sklaven rund; Jesus wird dafür eigentlich nicht gebraucht. Ich höre, wie die Maschine mit unschuldiger Stimme spricht: „Jesus, der wird ja erst später wiederkommen und dann werden wir ihm natürlich die Krone geben. Sicher. Aber *heute* herrschen wir für ihn ..."

---

[5] Vgl. Offenbarung 3,20.
[6] Vgl. Johannes 2,13.

KAPITEL 4

Der Bote

Wie lieblich sind auf den Bergen die Füße dessen, der gute Botschaft bringt, der Frieden verkündet ... (Jesaja 52,7).

Ich wende mich wieder meiner Hauptaufgabe als Hirte zu: Ich suche Gott und trachte nach der Liebe:

„Ich preise dich, mein Gott, dass alle Macht im Himmel und auf Erden dir gehört und dass du auf dem Thron sitzt. Wie wunderbar, dass ein *Lamm* auf dem Thron sitzt! Oh, es ist kein Bär und kein Drachen, es ist ein Lamm, das geschlachtet wurde.[1] Oh, es ist die Herrschaft der Liebe, die die Macht von Gott bekommen hat, auf dem Thron zu sitzen und mit Gnade zu herrschen."

Mit den Engeln und den Erlösten tanze ich im Reigen derer, die keine eigene Macht haben, sondern in der Macht Gottes Ruhe gefunden haben. Wir umkreisen den Thron der Gnade mit den schönsten Figuren und Reigen. Es herrscht völlige Freiheit in dieser persönlichen Ohnmacht in der Macht der Liebe. Sie weiß zu regieren! Sie macht den Raum weit und breitet den Himmel aus als Wohnung, deren kleinster Aspekt großartiger ist als alles, was irdische Macht je erschaffen kann. Dieses Reich ist *geschenkt* und gibt sich denen, die alles Eigene fahren lassen, um durch das Tor der Selbstlosigkeit und des Vertrauens einzutreten in den Vorhof mit leeren Händen. Halleluja!

---

[1] Vgl. Offenbarung 5,9.12.

Die ganze Herde hört auf den Lobpreis und strahlt in ihrem „dem Herrn gehören" wie eine Lampe in der Dunkelheit. Dies ist die vollkommene Evangelisation, denke ich. Wenn Menschen in ihrer Einheit mit Gott strahlen und davon überfließen, dann ist dies ein Licht in der Nacht, das die Verirrten anzieht, herbeizukommen und sich dieser Herde anzuschließen. Sich der Herde anzuschließen, bedeutet allerdings, sich einer *Bewegung* anzuschließen, denn die Schafe Jesu sind immer mit ihm unterwegs und folgen ihm, wohin er geht. Es erfordert darum, den alten Weg zu verlassen und den des Herrn zu betreten. Es erfordert, aufzugeben, selbst zu wissen, wo es langgeht und sich führen zu lassen von Jesus, der „der Weg, die Wahrheit und das Leben ist".[2]

Ich bete weiter: „Ich will mich heute führen lassen den Weg der Liebe, der Wahrheit und des Lebens! Jesus, höre mein Gebet und führe mich! Lass mich deine Stimme hören, deine süße Gestalt sehen und deinen Geruch einatmen! Lass mich erschauern in Freude und überfließen in Zuversicht wegen dir, meinem Hirten. Heile meine Wunden! Und gib mir die nötige Weisheit, mit jeder Situation umzugehen, die mir auf dem Weg begegnet! Höre mich! Wecke mich! Entfessle mich zum Tanz und zur Erhebung Gottes! Nimm mich an der Hand und zeige mir die Herrlichkeit des Vaters! Lehre mich die wahre Hirtenschaft in Liebe und Wahrheit, die in dir sind! Darum bitte ich, mein König und mein Gott, meine Burg und Zuflucht, meine Stärke und mein Lobgesang, mein Frieden und meine Freude. Amen."

Ich gehe mit der Herde weiter und bemühe mich darum, dass sie alle auf den Herrn achten. Manche Schafe meinen auf einmal, sie müssten sich die anderen Schafe näher ansehen und ihre Identität in der Zugehörigkeit zur Herde der Schafe suchen und nicht in Jesus. Dies führt zu einer Menge Konflikte. Einige wollen andere überprüfen, andere wollen auf sich aufmerksam machen. Die Schafe müssen unentwegt voneinander abgewendet und dem Herrn zugewandt werden, dann werden sie wieder locker und kommen gut miteinander zurecht. In dem Moment, wo sie den Blick abwenden, kommt ihnen sofort anderes vor die Augen, und

---

[2] Vgl. Johannes 14,6.

dieses „andere" wird ihre Orientierung und fängt an, sie zu bestimmen. Sie fragen sich dann, was mit jenem anderen Schaf los ist und was mit dieser Wiese oder der Ortschaft, die wir gerade durchquert haben usw.

„In der wahren Hirtenschaft und genauso in der wahren ‚Schafschaft' geht es nicht um die Kontrolle des einen über den anderen oder des Hirten über die Schafe oder der Schafe über den Hirten. Es geht alles um die Orientierung an Jesus. Sowohl der Hirte als auch jedes Schaf müssen auf Jesus ausgerichtet bleiben. Die Kontrolle liegt bei ihm ganz alleine. Er kennt sowohl die Hirten wie auch jedes Schaf durch und durch. Ob ein Mensch in der Aufgabe eines Unterhirten von Jesus steht oder nicht – die Abhängigkeit von Jesus ist die gleiche. Weder der eine noch der andere weiß den Weg, sondern Jesus ist der Weg. Wie das Leben zu leben ist und was jeder im Einzelnen zu lernen und zu tun hat, ist Sache des Herrn. In der Orientierung an ihm fließen alle persönlichen Weisungen vom Herrn selbst zu jedem Einzelnen.

Die Einheit der Herde ist nicht darin, dass alle das Gleiche denken, glauben und tun. Sie ist in Jesus. Stehen alle in Verbindung mit ihm, dann ist die Herde in einer göttlichen Einheit, die keine menschliche Kontrolle, Organisation oder Bestimmung je auch nur im Entferntesten bewirken kann. Diese Erkenntnis ist der Kirche weithin verloren gegangen und so ist die Gemeinde zurückgefallen in eben jene rein menschlichen Formen der Gesellschaftsbildung. Die Gemeinde ist aber eine göttliche Gesellschaft, die ohne den direkten Kontakt jedes einzelnen Mitgliedes zum wahren Hirten Jesus nicht funktionieren kann und soll. Das Maß an Liebe, Vertrautheit und Hingabe an Jesus zu vertiefen, zu entfalten und zu feiern, das ist das eine Verlangen der Gemeinde. Dieses verwandelt sie schließlich in seine Braut."

„Wer ist es, der diese Worte zu mir redet?", frage ich.

„Das bin ich", sagt ein von mir unbemerkt hinzugekommener Bote. „Diesen Brief soll ich dir vom Thron überbringen", meint er und verbeugt sich ein wenig. Dann überreicht er mir ein weißes Kuvert. Er hat es scheinbar eilig, weiterzukommen. Er hat sicher noch viele Briefe auszuteilen, denke ich und stelle mir vor, wie er überall im Land Botschaften des Königs hinbringt. Ja, es gibt

Hirten, aber auch Boten. Ich war schon mehrmals solchen begegnet, die mir Briefe vom Thron brachten mit wichtigen Nachrichten und Antworten.

„Gott redet auf vielerlei Weise", sage ich zu dem Boten. „Er redet direkt zu einem Menschen in seinem Herzen, aber ebenso durch die Heilige Schrift. Er sendet auch Engel, benutzt die Gemeinschaft der Herde und jetzt kommt er durch dich zu mir. Warum ist das so?"

„Wie du immer mehr erfahren wirst, redet Gott durch noch mehr Mittel und Wege zu euch, als die, die du aufgezählt hast. Er redet einfach durch alles zu euch. Mit Worten und auch ohne Worte. Je nachdem, was eure Seele braucht, sendet er Menschen oder Engel, Briefe oder Situationen. Aber es können auch Träume sein, Naturereignisse, scheinbare Zufälle und einfache Alltagserlebnisse. Du kannst am Morgen fragen: ‚Was hat die Nacht mir erzählt?‘, und am Abend: ‚Was hat dieser Tag mir zu sagen gehabt?‘ Ihr müsst nur fragen, dann erhaltet ihr viel mehr Antworten, als ihr je erwartet hättet. Jede Nacht hat ihre Botschaft, und so jeder Tag. Nichts geschieht einfach nur so. Alles steht in Verbindung mit euch und eurem Weg zur Herrlichkeit Gottes in die ewige Stadt.“

„Kommen denn alle Briefe, die du im Namen des Königs verteilst, auch an?“, frage ich neugierig.

„Ja, sie kommen alle an, denn ich bin in der Lage, sie überallhin zu bringen. Aber nicht alle Briefe werden empfangen. Viele bleiben ungeöffnet, und erst der Jüngste Tag wird offenbaren, wie viele Antworten erbeten, gesandt, aber nicht empfangen wurden. Viele Betende rechnen nicht mit einer Antwort. Das bestürzt den Himmel. Oder sie rechnen mit einer *anderen* Antwort. Dies ist eine große Tragik. Manche sind so wütend auf die Boten und ihre Botschaft, dass sie sie mit Gewalt fortjagen – obwohl sie gebetet und ihre Anliegen vor Gott gebracht haben und er seine Antwort durch seine Boten zu ihnen gesandt hat. Man sollte meinen, sie wären sehr froh und dankbar darüber, da der Himmel ihre Bitten ernst genommen und sie gewürdigt hat, ihnen eine Antwort zu schicken, aber dem ist häufig nicht so. Du kannst als guter Hirte darum beten, dass du Augen hast, die Antworten Gottes zu sehen, und Ohren, sie zu hören, und ein Herz, welches die Antworten verstehen kann. Du kannst den Schafen helfen, die Boten und Antworten auf ihre Gebete besser zu erkennen. Manche sind sehr blind dafür.“

Damit verabschiedet sich der Bote und eilt davon. Kein beneidenswerter Job, den diese Boten haben, denke ich. Ich öffne den blütenweißen Brief mit dem Siegel des Königs, und nur ein Satz steht darin: „Wir sehen uns an der großen Maschine.“

Hmm, es gilt noch einmal dorthin zurückzukehren? Kein schöner Gedanke. Ich war froh, das „Haus der Mühsal" hinter mir gelassen zu haben. Aber nun hat der König seinen eiligen Boten nach mir geschickt, und so muss ich mich auch ohne Zögern aufmachen, dem Auftrag Folge zu leisten. Ich lagere die Herde, bitte die Adler aufzupassen und die Schafe nicht zu streiten, sondern einander zu lieben, und mache mich auf den Weg zurück zu der schrecklichen Maschine …

KAPITEL 5

Wenn ihr nicht wie die Kinder werdet …

Lasst die Kinder, wehrt ihnen nicht, zu mir zu kommen, denn solchen ist das Reich der Himmel (Matthäus 19,14).

Ich komme über eine Kuppe und da sehe ich sie. Riesig und imposant sieht sie aus, aber dieses Mal nicht wie eine Krone, sondern wie ein gigantischer, schräg liegender Turm, was mich unmittelbar an den Turm von Babel denken lässt. Im mittleren Feld dreht sich etwas langsam um die Achse des Gebildes. Sofort ist mir klar, dass diese Maschine dadurch ihr eigenes Gravitationsfeld herstellt. Das erinnert mich an Raumschiffe in bestimmten Filmen, die in der Lage sind, eine künstliche Schwerkraft herzustellen und wie eine eigene kleine Welt durch den Weltraum zu reisen. Sie scheinen durch ihre eigene Kraft so faszinierend unabhängig und frei zu sein, und doch sind sie weniger als Staubkörner im Universum, sehr enge und begrenzte „Welten" – beschränkt auf sich selbst.

Dann sehe ich auf einmal den Herrn etwas abseits auf dem Hügelkamm stehen und die Maschine betrachten. Sein Haar und Gewand bewegen sich im Wind. Wie wunderbar er aussieht!

Sogleich bin ich bei ihm; er aber sieht mich nicht an, sondern hat seine Augen unbeirrbar auf das Objekt im Tal gerichtet. Dann zeigt er darauf und sagt: „Sieh hin!"

Ich schaue hin und sehe nichts anderes als das, was ich bereits bei meinem Eintreffen gesehen habe.

„Sieh genauer hin!", befiehlt der Herr.

Nun, da ich mir mehr Mühe gebe, zu sehen, da sehe ich auch mehr. Ganz klein, am Fuße der Maschine, sehe ich die Herde des Hirten, der mir begegnet war, auf dem Weg zur Konferenz.

Auf einmal durchfährt es mich: Natürlich, die Konferenz findet in der Maschine statt!

„Ja, die Maschine rekrutiert neue Arbeiter, siehst du?"

Ich weiß weder was ich denken noch was ich sagen soll, so erschrocken bin ich. Ich sehe die Menschen klein wie Ameisen die Maschine betreten und ahne, dass die da bestimmt so leicht nicht wieder rauskommen werden.

„Wer da einmal hineingeht, kommt nicht so leicht wieder heraus!", meint der Herr.

„Du hast sie nicht gewarnt", sagt der Herr, seinen Blick mir zuwendend.

Nun weiß ich noch weniger, was ich denken oder sagen soll. *Ich* hätte jenen Hirten warnen sollen? Den, der mich gar nicht anerkannte als Hirten? Der doch von seinem Wege sicher nicht abzubringen war ... insbesondere nicht von mir. Solche und ähnliche Gedanken jagen in meinem Kopf hin und her.

„Du wirst in die Maschine gehen und ihn warnen!"

Jetzt ist der Schock vollkommen! „Was, ich soll in die Maschine gehen?!"

„Du wirst in meinem Namen in die Maschine gehen, und dann wirst du in meinem Namen den Hirten warnen. Ob er es annimmt oder nicht, lass nicht deine Sorge sein. Geh hinein wie ein Kind. Sei vollkommen uneigenmächtig und einfach, dann kann dir die Maschine nichts anhaben."

„Sie sieht aber schrecklich bedrohlich aus! Wenn ich mich nun in ihr verirre?"

Den Herrn interessieren meine Einwände nicht. „Geh jetzt, sonst ist es zu spät!"

Er steckt mir einen Brief zu: „Das ist die Botschaft für den Hirten und seine Herde. Bring sie ihm jetzt!"

Ich eile mit mulmigem Gefühl los. Je näher ich der Maschine komme, desto mehr bin ich froh, keiner ihrer Sklaven zu sein! Sie ist mächtig, sie ist beeindruckend. Je näher ich ihr komme, desto mehr spüre ich ihren Einfluss auf mein Denken und Fühlen. Mit jedem Schritt wird sie imponierender und einzigartiger. Ja, sie ist eine eigene Welt, die ihre eigene Anziehungskraft bildet, indem sie sich um sich selbst dreht. Sie strahlt eine eigentümliche Faszination aus und scheint mich zu sich zu rufen.

„Wer hier eintritt, geht nie mehr heraus" steht über dem Portal, durch welches ich einzutreten gedenke. Hier war der Hirte mit seinen Leuten hineingegangen. Es gibt wohl noch sehr viele andere Zugänge, über denen aber sicher die gleiche Inschrift prangt. Ich weiß, das ist der Anspruch dieses Systems, aber ich gehöre ihm nicht. „Im Namen des Königs!", sage ich laut und trete ein in das „Haus der Mühsal". Dem König kann keine Tür verschlossen bleiben, das weiß ich genau.

Seltsamerweise fühle ich mich nun, da ich drin bin, besser und schaue mich entschlossen um. Ich hatte jede Menge Einschüchterung erwartet, aber sie ist nicht da. Ich kann frei und ungehindert weitergehen. Während ich das tue, bin ich dem Herrn dankbar, dass er mich auf diese Mission schickt, weil ich dadurch sehr viel lernen werde über den Umgang mit dem System und mit den Menschen unter seinem Einfluss. Und das will ich auch sehr gerne. Dass der Herr die böse Maschine zur Schulung seiner Boten nutzt, lässt mich schmunzeln. Das finde ich einfach genial und eine herrliche Ironie.

Die Frage ist, wohin ich gehen soll, um den Pastor bzw. die große Konferenz zu finden. Kein Mensch ist zu sehen und bei meinem letzten Aufenthalt hatte ich erlebt, dass die Gänge und Wege so verwirrend waren, dass ich ohne die Führung von Jesus nie wieder aus dem System herausgefunden hätte.

Da, auf einmal sehe ich ein Kind, welches mir wortlos einen Wink gibt, ihm zu folgen. Es führt mich auf jenem labyrinthischen Weg, den der Herr mich herausgeführt hatte, tief hinein in die Maschine und öffnet mir schließlich eine Tür, durch die ich gehen soll. Wie das Kind diesen Weg gewusst haben konnte, ist mir ein Rätsel. Ich nicke dem Kind ein „Danke!" zu und gehe durch die Tür. Dabei denke ich an die Worte Jesu, dass nur ein Kind unbeschadet den Weg durch das System gehen kann – denn weil es ein *Kind* ist, macht sich die Maschine nicht viel aus ihm ... Jemand, der weder Macht hat noch sucht, der ist wie immun gegen die Versuchung der Maschine.

Zu meiner Verwunderung finde ich mich in einer Kindergruppe wieder, die wohl gerade so etwas wie einen „Kindergottesdienst" hat. Die Kinder sehen mich nicht oder beachten mich nicht, keine Ahnung, aber sicherlich bin ich hier, um etwas Wichtiges gezeigt zu bekommen und über das System zu lernen.

Der Unterricht dreht sich um das rechte Benehmen im frommen System. Die Belohnung fürs Mitmachen ist in irgendeiner Form eine Zuteilung von Macht, beispielsweise durch Privilegien. Die Strafe fürs nicht Mitmachen ist der Entzug von Macht. Die Kinder lernen, wie sie Bedeutung und Anerkennung erlangen, wenn sie sich dem System entsprechend verhalten, und dass ihnen Bedeutung und Anerkennung entzogen werden, wenn sie es nicht tun, *sondern sie selber sein wollen*. Ich sehe mit Schrecken, wie ihnen von Kindesbeinen an ein Gegensatz beigebracht wird zwischen: „Sei ein gutes Kind, indem du tust, was *ich* dir sage!" und „Du bist ein böses Kind, wenn du tust, was *du* willst!"

Ich kann sehen, wie die Etablierung dieses „Entweder-oder" fatale Folgen für die Zukunft hat und diese Kinder darauf vorbereitet, Sklaven zu sein, die nie auf die Idee kommen werden, dass *ihr Wille* in Ordnung sein könnte. Sie lernen, dass ihre Motivation nur dann „gut" ist, wenn sie mit dem System konform geht. Dieses Prinzip scheint umfassend zu sein – in allen Systemen der Kontrolle von Menschen über Menschen – ob politisch, sozial oder religiös.

Die Dienstbarmachung von Menschen für die Systemzwecke ist „Babylon", das Haus der Mühsal, welches Macht haben will wie Gott und seinen Turm so hoch wie den Himmel bauen möchte.

Ich denke an den Urauftrag des Menschen: „Macht euch die Erde untertan."[1] Das „System" hat dies dem Menschen abgenommen. Jetzt macht es sich den Menschen untertan. Er ist unter seine Kontrolle „gefallen" und seine Freiheit ist dahin. Ich höre, wie das System mit unhörbaren Worten in die Ohren der

---

[1] 1. Mose 1,28.

Kinder flüstert: „Du bist frei – wenn du tust was ich sage." Ich sehe diese Kinder zu erwachsenen Mitgliedern der Gemeinde heranwachsen mit der Botschaft des Systems im Herzen: „Sei nicht du; sei, wer wir dir sagen, dass du sein sollst!" Und in der religiösen Variante sagt das System durch seine Propagandisten: „Es ist der Wille Gottes, dass du tust, was wir dir sagen, um wohlgefällig zu sein, denn Gott redet durch uns. Wir sind das System und das System ist Gott." Und dann wird das System seinen Vertretern große Macht geben, sodass es sehr glaubhaft erscheint, dass es überlegen und von Gott legitimiert ist. Grauenhaft! Alle diese Kinder lernen, dass sie nicht sie selber sein sollen. Sie lernen, das Spiel zu spielen und ihre Rollen einzunehmen. Und ich gehe davon aus, dass „die Konferenz" auch ihren Eltern helfen wird, dies immer besser zu tun …

Ich verlasse die Kinder, weil das Kind, welches mich hierher brachte, in einer weiteren Tür auftaucht und mir erneut winkt, zu kommen. Ich gehe also eine Tür weiter und finde mich in einem Seminar für Pastorenanwärter wieder.

Es ist eigentlich kein wesentlicher Unterschied zu der Kindergruppe: die gleiche Botschaft, der gleiche Appell zur Unterwerfung unter das System, um dadurch Gott zu gefallen. Das Spiel und die Inszenierung werden optimiert und perfektioniert.

Ich setze mich neben einen der Studenten und schaue zu, wie er eine „Predigt" vorbereitet. Sie ist gut strukturiert, wortgewandt und überzeugend. Sie handelt von dem Vers: „Seid treu bis in den Tod, und ihr werdet die Krone empfangen." Fatalerweise geht es aber nicht um die Treue zu sich selbst und zum Herrn, sondern um die Treue zum System und den Gehorsam seinen Vertretern gegenüber. „Tu, was dir gesagt wird! Darin erweist du deine Treue Gott gegenüber! Sollte dein Herz nicht mit allem, was dir gesagt wird, übereinstimmen, dann tu Buße (= schäme dich), beuge dich und korrigiere dein böses Herz! Folge diesem Weg und du wirst am Ende die Krone empfangen, die Gott denen gibt, die treu waren."

Jetzt begreife ich, warum so viele Leute sagen, dass sie Gottes Stimme nicht hören können. Gott redet ja im Herzen der Menschen – aber wenn sie vom System gelehrt wurden, ihrem Herzen nicht zu folgen, sondern den Vorgaben der Systemvertreter, dann haben sie keinen direkten Draht mehr zu Gott, sondern sind abhängig von den Weisungen des Systems.

Ich begreife auch einen der Hauptkontrollmechanismen der Maschine: Beschämung.

Das lähmende Gift der Beschämung über sich selbst liegt wie eine Decke auf allen Sklaven dieser Institution. Jeder macht dem Nächsten, so gut er kann, etwas vor, um ja nicht erkannt und dann beschämt zu werden. Hier wird mir klar, dass es im wahren Evangelium um eine Befreiung zu Gott, aber auch eine Befreiung zu sich selbst geht. Ohne Gottes Hilfe ist es nicht möglich, zu sich selbst zu kommen. Die Selbstentfremdung muss einer Selbsterkenntnis weichen. Nur darf man sich nicht an die Psychologen des Systems wenden, um zur Selbsterkenntnis zu gelangen! Jedermann und jede Frau kann sich an Jesus direkt wenden und ihn fragen: „Wer bin ich wirklich?" Aber das System versucht, dies zu verhindern und stets die Kontrolle über diese Frage zu behalten. „*Wir* sagen dir, wer du bist."

Da verstehe ich auf einmal auch die große Wahrheit, dass Gott sich unter anderem dadurch als Gott erweist, dass er uns die Wahrheit über uns sagt. Er weiß, wer wir wirklich sind. Er kann uns unsere wahre Identität geben. Das System kann uns nicht sagen, wer wir wirklich sind, und hat auch kein Interesse daran, weil es nicht an unserer Wahrheit, sondern an unserer Leistung interessiert ist. Gott kann uns die Wahrheit über uns sagen, weil er uns nicht braucht. Ich formuliere den Satz: „Von wem du dir sagen lässt, wer du bist, der bestimmt dich und ist damit dein ‚Gott'."

Ich frage den Studenten, der die Predigt schreibt: „Hallo, Student, hast du mit Jesus über diese Predigt gesprochen? Bringt sie den Hörern seine Wahrheit und stiftet ihnen damit ihre wahre Identität?"

Der Student schaut mich fragend an. „Jesus kannst du in deiner Privatzeit fragen, was immer du willst, aber hier lernt man ‚ordentlich' predigen, verstehst du?", sagt er. „Hier orientiert man sich nicht an persönlichen Gebetseindrücken oder so etwas, sondern an der Schrift – und das wissenschaftlich. Wir lernen die Sprache, wir prüfen den Kontext, wir lernen Werkzeuge der Interpretation, Textkritik und Auslegung kennen. Dann werden wir auch in Rhetorik und Dialektik geschult, um hervorragende Vorträge zu halten. Dies und vieles mehr werden wir viele Jahre studieren und dann vom System geprüft und lizenziert. Jesus brauchen wir dafür nicht. *Der* jedenfalls prüft und lizenziert uns nicht!", sagt der Student lachend. „Er ist doch nur fiktiv hier, so wie alle Religionsstifter. Wir analysieren die Philosophien in ihren Schriften und untersuchen den Geist ihrer Ideologien. Das passen wir dann an die modernen Bedürfnisse heutiger Menschen an."

Aha, denke ich, so verstehen die also den Begriff „Geist" in der Theologie.

Auf einmal sehe ich wieder das Kind an der Tür stehen und verabschiede mich freundlich von dem Studenten und danke ihm für die Erklärung, wie das Studium abläuft. Im Aufstehen sehe ich in seinem aufgeschlagenen Kalender die Fächer und Dozenten des Tages. „Jesus kennen" oder gar „Jesus lieben" ist darin kein Thema …

Ich folge dem Kind durch die nächste Tür und stehe in einem großen Saal, in dem die Vorbereitungen für die Konferenz im Gange sind. Alles läuft professionell und strukturiert ab: Die Technik stimmt, die Musikdarbietungen und Powerpoint-Präsentationen sind auf die Minute genau festgelegt. Da kann nichts schiefgehen. Hochglanzprospekte mit werbewirksamen Fotos der Sprecher liegen aus.

„So sein wie einer von denen", sage ich mir, „dann hat man es geschafft. Da stimmt einfach alles: der Anzug, die sportive Figur, die überzeugende Rede und Gestik. Die verstehen es, die Menge zu beeindrucken und zu motivieren, den Weg der Selbstentfremdung und der Mühe zu gehen. Sie geben sich selbst als erfolgreiche Vorbilder ab nach dem Motto: Wenn wir das geschafft haben, dann könnt ihr das auch! Nur: Seid nicht, die *ihr* seid, sondern die, die wir euch sagen, dass ihr sein sollt. Seid wie *wir*."

Schon die Prospekte und aufgelegten Bücher mit ihren Erfolgstiteln atmen diese Botschaft.

Die Leute strömen in den Raum voller Erwartung nach eben diesen Erfolgsrezepten und Erfolgstypen. Ich schaue mich um nach dem Pastor, finde ihn aber auf Anhieb nicht. Vielleicht ist er noch in einem speziellen Pastorentreffen mit den Sprechern? So etwas gibt es ja. Schon beginnt ein perfekt aufgestellter und gekleideter Chor mit ebenso perfekter Bandbegleitung zu singen. Alle sehen so glücklich aus, nein, eher „erfolgreich", das ist das Wort. Aber dies scheint hier ein austauschbarer Begriff zu sein.

Ich spüre die zwei Seiten im Raum: die Bühne und die Zuschauer. Vorne sind die, „die es geschafft haben" und hinten die, die es noch nicht geschafft haben. Sehnsüchtig schauen sie auf die Siegertypen auf der Bühne, die ihr Programm so vollkommen vortragen. Das Thema der Konferenz steht in großen Lettern über der Bühne angeschrieben: „Wie man mit Gott erfolgreich ist."

Die erste Predigt ist dann entsprechend tituliert: „Wie Jesus erfolgreich war." Der Vortrag läuft genau nach dem Schema ab, welches mir der Theologiestudent erläutert hatte. Das Evangelium wird auf zum Thema passende Passagen untersucht, die belegen, wie erfolgreich Jesus in seinem Dienst war. Daraus werden dann Prinzipien abgeleitet und schließlich der heutigen Situation der Hörer und ihrem Bedürfnis nach Erfolg angepasst.

„Die wollen gar nicht Jesus haben", murmle ich leise, „die wollen Erfolg haben – und Jesus soll ihnen dazu verhelfen. Wie sie zu sich selbst und zu ihm kommen können, um die Wahrheit über sich und ihn zu erfahren, das ist hier jedenfalls *nicht* das Thema."

Der Aufruf an die begeisterte Konferenzgemeinde ist: „Gebt euch einfach etwas mehr Mühe und haltet euch an die Prinzipien, dann werdet ihr sicher Erfolg haben!"

Der nächste Vortrag folgt, in dem es darum geht, wie die Apostel Erfolg hatten. Alles ist nach dem gleichen Muster gestrickt. Wie traurig Jesus sein muss, der draußen vor der Maschine steht und den danach verlangt, dass die „Mühseligen und Beladenen" zu ihm kommen ...

In der nun folgenden Pause suche ich weiter im bunten Treiben der Erfolgssucher nach dem Empfänger meines Briefes. Und da sehe ich ihn endlich an einem Büchertisch mit einer Reihe Titeln zum Thema „Erfolg". Er verhandelt gerade mit dem Verkäufer über einen Rabatt bei Sammelbestellung, weil er einiges an Literatur für seine Gemeinde mit nach Hause nehmen will.

„Hallo, Herr Pastor, kann ich Sie wohl einen kurzen Moment sprechen?"

„Natürlich", sagt der, „wie geht es denn? Kennen wir uns?"

„O ja, wir sind uns draußen auf dem Feld begegnet und Sie haben mir von dieser Konferenz berichtet ...", erwidere ich.

„... und Sie haben es sich überlegt und sind gekommen! Na also. Das ist ja großartig. Die ersten Vorträge waren doch schon fantastisch, oder? Die MP3-Mitschnitte bekommt man da drüben beim Mediendienst. Ich werde demnächst auch einen Mediendienst in meiner Gemeinde installieren. Ich hatte übrigens den Eindruck, dass Sie in eine ganz andere Richtung unterwegs waren, als wir uns trafen; was hat Sie denn bewogen, umzukehren?"

„Jesus."

Einen Moment mustert mich der Pastor mit Scannerblick und meint: „Ah ja ... na Hauptsache, Sie sind hier und lernen, erfolgreich zu sein im Reich Gottes."

„Ich bin eigentlich gar nicht wegen der Konferenz, sondern wegen Ihnen hier, wenn es Ihnen nichts ausmacht. Jesus hat mir diesen Brief für Sie gegeben und mich geschickt, dass ich ihn Ihnen bringen soll." Ich hole den Brief aus der Tasche und halte ihn dem Pastor hin, der einen Schritt zurückgeht und jetzt mit in Falten gezogener Stirn fragt: „Wer, zum T ... sind Sie?! Und was wollen Sie von mir?" Er will den Brief nicht nehmen.

„Ich bitte Sie, es liegt mir fern, irgendetwas von Ihnen zu wollen, und anscheinend stelle ich mich wirklich ungeschickt an, aber ich bitte Sie im Namen von Jesus Christus, diesen Brief zu nehmen und zu lesen."

„Warum sollte ich?", meint er mit abwehrender Gestik. „Ich kenne Sie ja noch nicht einmal, und Sie sehen alles andere als erfolgreich aus. Ich bekomme genug sehr gute Lehre von den bewährten Sprechern dieser Konferenz. Bitte stecken Sie das da weg, wir wollen hier doch keinen Ärger machen. Bitte entschuldigen Sie mich, ich muss hier vor dem nächsten Vortrag noch meine Bestellung abwickeln."

Er wendet sich ab und lässt mich mit dem Brief stehen, und ich weiß nicht, was ich tun soll. Mir ist ja klar, wie seltsam das ist, wenn einen einfach jemand „im Namen Jesu" anspricht, als Überbringer einer Botschaft von ihm. Da kann ja jeder kommen! Ich kann dem Pastor keinen Vorwurf machen. Die Situation ist verfahren. Aber ich weiß, der Brief ist wirklich von Jesus und ich bin wirklich gesandt, ihn weiterzugeben. Was nun?

Beschämt über mein offensichtliches Versagen ziehe ich davon. Was hätte ich anders – besser – machen können?

Da sehe ich wieder das Kind am Eingang der Konferenz stehen und mir zuwinken.

„Gib mir den Brief", meint es. „Ich werde einen anderen Weg zu ihm finden."

Das sind die ersten Worte, die es zu mir spricht und irgendwie weiß ich, dass es recht ist, dem Kind den Brief anzuvertrauen – und ich sehe, wie es beim Wegstecken noch weitere Briefe in der Tasche hat.

„Wer bist du?!", frage ich nun mit ähnlich gekräuselter Stirn, wie sie der Pastor eben hatte.

„Ich bin ich", erwidert das Kind. „Ich schaue hinter alle Fassaden, kenne alles Erwachsenengetue und höre alles Stöhnen der Mühseligen und Beladenen, welches sie voreinander nie zugeben würden. Ich werde da sein, wenn der Pastor einmal für einen Moment die Maske fallen lässt, wenn er ganz alleine ist. Gottes Botschaften kommen auf Konferenzen nicht so gut rüber. In der persönlichen Zerbrochenheit und Einsamkeit sind die Leute bereiter, zu empfangen. Ich werde dann da sein. Ich bin immer da. Deine Wahl, den Mann hier auf dieser Konferenz anzusprechen, war übrigens nicht eben klug."

„Was hätte ich denn tun sollen?"

„Beten."

„Wie jetzt?", frage ich irritiert. Ich bin geneigt, mich in Erwachsenenmanier vor dem Kind zu rechtfertigen, obwohl ich genau weiß, dass es stimmt. Ich habe nicht für diesen Mann gebetet. Es war mir nicht einmal in den Sinn gekommen, das zu tun. Ich wollte einfach meinen Brief loswerden und fertig.

„Ja, du kannst eine Botschaft besser überbringen, wenn du auch für den Empfänger betest, ist doch sonnenklar."

„Wer bist du nun?!", beharre ich und lenke von dem Thema „Beten für andere" ab.

„Ich bin du. Ich bin das Kind in dir und das Kind in allen anderen hier. Ich bin das Kind, welches sie alle nicht mehr wahrnehmen und so lange schon vergessen haben. Ich bin das Kind, das die Wahrheit über das entfremdete Benehmen der Erwachsenen

kennt. Selten nur wenden sie sich zu mir, aber wenn, dann kann ich ihnen diese Botschaften schnell weiterreichen." Es zeigt auf seine Tasche voller Briefe.

„Wenn man also das Kind in sich nicht wahrnimmt und beachtet, dann kann man diese Botschaften nicht empfangen?"

„Ja, so ist es. Man kann eine Botschaft nur in einem bestimmten Zustand empfangen und verstehen. Selbst wenn der Pastor deinen Brief gelesen hätte, hätte er nichts damit anfangen können und ihn weggeworfen, weil er nicht in der richtigen Verfassung dazu ist. Die Botschaft will nämlich zu seinem Herzen sprechen und nicht zu seinem Verstand."

Dabei tippt mir das Kind auf die Brust und zeigt auf meinen Kopf. Es ist zu klein, um ihn mit der Hand zu erreichen. Jetzt erst komme ich auf die Idee, mich herunterzuhocken und mit dem Kind auf Augenhöhe zu gehen. Da strahlt es mich mit leuchtenden Augen an und tippt nun wirklich gegen meinen Kopf: „Du weißt doch: ‚Wenn ihr nicht werdet wie die Kinder, könnt ihr das Reich Gottes nicht sehen.' Hier auf der Konferenz werden sie nicht zu Kindern, sondern noch mehr zu ‚Erwachsenen', als sie es vorher schon waren. Darum werden sie das Reich Gottes nicht sehen. Ich bin ich, darum sehe ich das Reich Gottes. Und wer bist du?"

Oh, mit der Gegenfrage hatte ich nicht gerechnet! Wer ich bin? Ich setze mich nun auf den Boden und nehme das Kind für einen Moment in den Arm. Die Berührung belebt mich mehr als alle Botschaften, die ich gehört habe. Ich bin betroffen. Wie kann eine einzige Berührung, ein einziger Moment von Nähe und Zuneigung eine solche Macht haben? Da wird mir „sonnen"klar, dass das Reich Gottes weniger mit endlosen Lehren arbeitet, als viel mehr mit Berührung, Nähe und Zuneigung. Das Lächeln eines Kindes kann das ganze Kartenhaus der Erwachseneninszenierung ins Wanken bringen. Ein Blick voll entwaffnender Offenheit und Vertrauen kann das Herz in einer Weise erreichen wie alle Erfolgsbücher hier zusammen es nicht vermögen.

„Alle meine Briefe hier sind Liebesbriefe", verrät mir das Kind. „Ich hab alle aufgemacht."

„Wie bitte!? Wer hat dir das erlaubt?"

„Vor Kindern hat der König keine Geheimnisse", klärt mich das Kind auf. „Sie kommen nicht auf die Idee, daraus Kapital zu schlagen wie die Erwachsenen. Willst du wissen, was in den Briefen steht?"

Nun, das ist ein verlockendes Angebot. Ich merke, wie es mir schwerfällt, mit einfacher, kindlicher Freude die wunderbaren Worte eines wunderbaren Königs an seine Geliebten zu lesen. Ich bin zu erwachsen dafür. Das Kind aber wartet meine Überlegungen nicht ab und flüstert mir die Botschaften einfach in die Ohren. Ins eine Ohr flüstert es: „Ich habe dich schon so lange vermisst!" Dann ins andere Ohr: „Weißt du: Ich liebe dich!"

So geht es hin und her mit einfachsten Sätzen voll naiver Liebe:

„Weißt du noch, wie schön es war zu zweit?"

„Ich warte auf dich …"

„Sei vorsichtig mit dir!"

„Ruh dich aus."

„Ich erwarte dich um Mitternacht an unserem verborgenen Treffpunkt."

Das Kind sagt mir weitere Sätze in die Ohren und wirft mich dabei fast um. Ich lege mich hin und lasse diese Worte wie auf mich regnen und mein trockenes Herz bewässern. Die Leute scheinen mich nicht zu sehen. Ich liege mitten unter ihnen mit dem Kind am Boden – und die sehen mich nicht!

„Das kommt daher, dass sie das Reich Gottes nicht sehen können. Sie sehen nur ihresgleichen", sagt das Kind.

Das Kind singt und tanzt die Liebesbotschaften. Es läuft dabei um mich herum und über mich drüber. Dann legt es sich zu mir, und ich lege einen Arm um es. Ich sollte den Kontakt mit dem Kind nicht verlieren!, geht es mir durch den Kopf. Es wird mir das Reich Gottes aufschließen, mehr als alle Konferenzen auf der ganzen Welt. Ich sollte es so wie jetzt bei mir behalten und beschützen.

Ich merke auf einmal, wie müde mich die Maschine schon gemacht hat, und schlafe mit dem Kind im Arm einfach ein …

Als ich erwache, befinde ich mich nicht mehr in der Maschine, sondern zu den Füßen Jesu auf der Kuppe, von wo aus er die

Maschine beobachtet und mich beauftragt hat, den Pastor zu suchen. Wie bin ich nur hierhergekommen?!, frage ich mich erschrocken.

„Das Kind hat dich gebracht", sagt Jesus.

Ich kann mir zwar nicht vorstellen, wie es das angestellt haben soll, aber ich bin hier.

„Kinder bringen Menschen in der Regel zu mir, Erwachsene in die Maschine. Ich bin die Quelle der Berührung, Nähe und Zuneigung, die dich stracks von dem Einfluss der Maschine befreit hat und dich für sie unsichtbar gemacht hat. Im nächsten Moment warst du hier.

Und nun lerne die Lektion vom Anfang: Nur ein Kind ist immun gegen die Versuchung der Maschine! Ein wahrer Hirte sieht immer auf das Kind in den Menschen. Er appelliert weniger an den Kopf, als vielmehr an das Herz. Er fördert die einfache, naive und direkte Liebe.

Lektion 2: Wenn die Lämmer und Schafe in der Kraft der Berührung, Nähe und Zuneigung leben, dann werden sie für das System unsichtbar. Aber sie sehen mich. Und darauf kommt es an: Dass meine Schafe mich sehen und meine Worte hören und unter der Salbung meiner Berührung, Nähe und Liebe weitergehen. Das sind die Dinge, worauf es ankommt. Viele meiner Schafe sehen mich nicht und gehen den Weg des Systems der Mühsal. Viele wundern sich anfangs noch, dass sie mich nie sehen und eben keine Berührung von mir und keine Nähe zu mir erleben. Aber bald hören sie auf, mich zu suchen, sondern gehen den Weg der Leistung und Anpassung, um ‚erfolgreich geistlich' zu sein. Sie wurden von den Systempredigern gelehrt, dies bedeute ‚Nachfolge'. Achte darauf. Dem wahren Hirten geht es ausschließlich darum, eine Beziehung zu fördern – die zwischen einem Menschen und mir. Dort finden Menschen Frieden, im System nie. Ich bin der Friede."

Der Herr legt begütigend seine Hand auf mein Haupt, und Belebung sowie Frieden durchströmen mich. Mein ganzes Sein atmet auf und ich weiß, hier, in der Berührung mit Jesus ist der Ort, wo ich hingehöre. Dies ist das „zu Hause" für mein Wesen.

Hier ist die Quelle des Lebens und die Ruhe. Hier komme ich ganz in Einklang mit mir selbst, mit Jesus, mit allem.

In der Kraft, die mir zufließt, kann ich aufstehen und mit Jesus auf die Maschine im Tal hinunterblicken.

„Wird der Pastor da je wieder rauskommen? Wird das Kind ihn erreichen?", frage ich.

„Sei das Kind und bete, dann wirst du im rechten Moment bereit sein, die Worte der Gnade des Lebens in sein Ohr zu flüstern. Doch das wird dauern."

„Aber die ganze Herde, die er führt, wird davon betroffen sein!", sage ich verzweifelt.

„Nicht der Pastor hat alle Verantwortung, jeder hat auch selbst Verantwortung. Seine ist, die Beziehung zu mir zu fördern, wo immer Menschen dies wollen und zulassen. Aber du weißt, er sieht das nicht und tut viele andere Dinge für den geistlichen ‚Erfolg'. Darin versagt er. Aber jeder Mensch ist selbst für seine Beziehung zu mir und seine Nachfolge verantwortlich. Sucht er mich, wird er mich finden, egal ob ein Hirte nun versagt oder nicht. Ich habe viele Kanäle und Möglichkeiten, eine suchende Seele den Weg der Gnade des Lebens zu führen. Dessen sei dir sicher."

„Aber das führt zu großen Spannungen zwischen den versagenden Hirten und den Schafen, die den Weg der Mühsal verlassen wollen und dich suchen. Das habe ich doch so oft erlebt."

„Ja, ohne Konflikte geht es nicht. Das System will jeden behalten. Du hast ja die Aufschrift über der Eingangstür gelesen: ‚Wer hier eintritt, geht nie mehr heraus.' Alle, die Kinder werden und dadurch unsichtbar und die anfangen, mich zu sehen, wie ich wirklich bin, die werden von denen in der Maschine als üble Verräter oder bedauernswerte Verirrte betrachtet, die vom rechten Weg abgekommen sind. Sie werden der mangelnden Unterordnung angeklagt und bisweilen sogar verfolgt. Heute aber hat das System subtilere Formen der Strafe entwickelt, als blanke physische Verfolgung und Tötung. Zumeist treiben sie die Ungehorsamen in Isolation und Beschämung, bis diese den psychischen Druck nicht mehr aushalten und reumütig zurückkehren oder krank werden. Nur wer sich schön eng an mich hält, der übersteht das. Je länger einer im System gesteckt hat, desto schwerer ist es für ihn, sich davon zu befreien. Die Programmierungen der Mühsal haben ihn geprägt in seinem Denken und Fühlen. Alles in der Maschine fühlt sich für so jemanden ‚richtig' an und alles außerhalb ‚falsch'. Der Weg des Kindes und der Machtlosigkeit sind vollkommen ungewohnt und erschreckend, weil sie Vertrauen brauchen und die Zulassung von Berührung, Nähe und Liebe. Ist ein Mensch diesen Dingen lange Zeit entwöhnt, wird er so hart, dass es Zeit braucht und schmerzen wird, wieder weich zu werden. Ein guter Hirte wird solchen beistehen und sie mit allen Mitteln ermutigen, den neuen Weg trotz allem zu gehen. Wirst du das für mich tun?"

Jesus schaut auf mich herab und erwartet meine Antwort.

„Ich werde das in deinem Namen tun, mein Herr und mein Gott. Dies ist eine wundervolle Aufgabe. Ich bin ganz darauf angewiesen, selbst in deiner Berührung, Nähe und Liebe zu bleiben. Dann kann ich die Botschaften deines Herzens zu ihren Herzen bringen in der Macht des Kindes."

O mein Gott, ich danke dir für die wunderbaren Lektionen über die wahre Hirtenschaft. Sie nimmt Teil am Menschsein und dient ihm, wie Gott es meint und wozu er einen jeden zurückruft. Die Wege der Liebe zu verstehen und Menschen ein Stück weit darin zu ermutigen und zu begleiten, ist eine herrliche Sache. Sie erfordert aber, dass man bei sich selbst bleibt und den anderen weder kontrolliert noch sich an ihn verliert. Darüber muss ich auch noch was lernen!, denke ich. Der Anblick anderer und ihrer Wege darf mich nicht so vereinnahmen, dass ich mich selbst und meinen eigenen Weg verliere und zum „hilflosen Helfer" werde. Dieses falsche Helfertum kann einem Sog gleich sein, einer Sucht zu helfen, um sich selbst zu umgehen. Und auch Jesus.

KAPITEL 6

In der Wüste

Da geschah das Wort Gottes zu Johannes, dem Sohn des Zacharias, in der Wüste (Johannes 3,2).

Ich habe erlebt, dass die falsche Hirtenschaft nicht Einheit und Segen kultiviert, sondern Gegensätze und Angst. Da steht der Himmel gegen die Erde, die Gemeinde gegen die „Welt", die Frommen gegen die Heiden, die dazugehören gegen die, die nicht dazugehören. Mit Liebe hat das alles überhaupt nichts zu tun, obwohl sich alle zu ihr bekennen. Menschen sollen „Christen" werden, wie ihnen gepredigt wird, und nicht die Menschen, die sie selber in Wahrheit sind, wozu der Kuss der Liebe Christi sie erwecken würde. Sie bleiben sich immer fremd und kommen in ihr wahres Sein und ihre wahre Kraft nicht hinein, um mit Freude alle und alles zu segnen. Nein, sie kommen in eine Art Isolationshaft in einem System, welches sie für seine eigenen Zwecke vereinnahmen will. Die Maschinenkirche ist ein *böses* Ding.

Ich bete: „Halleluja, mein König und großer Hirte über die Schafe Gottes, du führst uns in das Haus Gottes, wo wir wir selber sein können im vollsten Maß, weil dort alles Gott ist und jeglicher Gegensatz aufgehoben. Weil dort alle alle und alles segnen wollen, mit allem, was sie sind und haben."

Ich versuche mir vorzustellen, wie stark der Gegensatz zwischen dem „Haus der Mühsal" und dem „Haus des Segens" ist.

Das eine ist voll Stöhnen, das andere voll Gesang. Das eine ist ein schwarzes Loch, das andere eine Sonne. Die Kraft des Hauses des Segens muss groß sein, um sich dem Sog des frommen Systems zu entziehen.

„Euer Gebet ist oft mehr inspiriert von Kontrolle und Angst als von Freiheit und Liebe, die einem Kind zu eigen sind", lehrt mich Jesus. „Ihr lasst die Worte nicht fließen, sondern wollt jedes einzelne richtig setzen, als wäre ich an dieser Formalie interessiert. Ich suche Wahrheit und Liebe, nicht fromme Floskeln und wohlgesetzte Formulierungen. Ein ,gemachtes' Gebet, welches nicht eurer Wahrheit entspricht und der Liebe entspringt, ist dem Himmel ein Gräuel. Wenn ihr eure Wahrheit und Liebe verloren habt, betet nicht hochtrabende Worte, sondern fragt ganz einfach danach, wo und warum ihr sie verloren habt und wie ihr sie wieder finden könnt. Übt es unentwegt, einfach zu sein und direkt."

„Wo sind wir hier eigentlich?", frage ich und schaue mich um.

„In der Wüste."

„Was tun wir hier?"

„Hier wirst du zu dir kommen und jenseits endloser Ablenkungen und Oberflächlichkeit lernen, Wahrheit nicht nur als Information zur Kenntnis zu nehmen, sondern dich ihr zu übergeben und dich von ihr verwandeln zu lassen. In der großen Maschine hat keiner Zeit für Wahrheit; erst in der Wüste ist nichts weiter zu tun, als zur Besinnung zu kommen – und zu mir. Dort begegne ich den Menschen. Dort fällt die Lüge von ihnen ab und sie werden zu denen, die sie wirklich sind. Dort hören sie auf, sich selber und auch mir etwas vorzumachen. Du wirst eine Zeit in der Wüste zubringen und lernen, zu mir zu finden und dich in allem an mich zu wenden. Lass die Wüste uns eins machen, dann verwandelt sie sich in einen Fruchtgarten und den Ort, wo du die Wolkensäule am Tage und die Feuersäule bei Nacht kennenlernst – und das Manna vom Himmel, das dich nährt. Wenn einer die Wolke, das Feuer und das Manna nicht kennt, wie könnte er mein Hirte sein und ein Volk zu mir bringen aus der Maschine heraus in die Wüste?"

„Und aus der Wüste in das gelobte Land …", sage ich wissend.

„ICH BIN das gelobte Land. Wer zu mir kommt, wird leben, selbst wenn er stirbt. Das ‚gelobte Land' war nicht gedacht, das Ende des Weges zu sein, so wie manche denken. Heutzutage meinen einige, wenn sie einer Kirche beigetreten sind, dann seien sie ‚angekommen' im Reich Gottes. Das gelobte Land aber ist ebenso im Geist wie das Reich Gottes. Wenn man es nicht mit dem Herzen findet, findet man es im Äußerlichen nie. Wenn einer es aber im Herzen betreten hat, dann wirkt es aus ihm heraus in seine Umgebung hinein mit Herrlichkeit. Das Paradies, das gelobte Land, das Reich Gottes sind alles Orte der Begegnung mit mir, und mehr noch, der Vereinigung mit mir. Wo immer diese Vereinigung geschieht, da ereignet sich Paradies, gelobtes Land und Reich Gottes.

Orte zu schaffen, wo sich diese Vereinigung ereignen kann, ist wunderbar, kann aber auch trügerisch sein, weil Menschen dazu neigen, diese Orte zu verherrlichen. Die Orte sind aber in sich nichts, sondern die Begegnung mit mir ist alles. Und denke daran, ich werde immer weiterziehen und der Herde nicht erlauben, sich um einen Ort, ein Haus oder eine heilige Person zu sammeln und dies zu vergöttern. Es steht geschrieben: ‚Ich bin der Weg, die Wahrheit und das Leben, niemand kommt zum Vater als nur durch mich.'[1] Wer meint, er könne mich auf einen Ort, ein Kirchengebäude oder einen Heiligen festlegen, der irrt. Wer zu mir kommt, der bricht auf. Er verlässt die alten Wege und Häuser und folgt mir nach, wohin ich auch gehe. Auf dem Weg ereignet sich die Wahrheit und das Leben, welche zu Gott führen."

„Wie gehe ich heute diesen Weg?"

„Indem du dich an mich wendest und nach mir fragst und es wissen willst. Jeder, der das tut, findet mich."

„Aber manche scheinen sehr lange zu suchen und doch nicht zu finden."

„Manche suchen auch nicht mich", erwidert Jesus, „sondern ihr eigenes Bild von mir. Eine religiöse Vorstellung, ein heiliges Gefühl, eine theologische Konstruktion. Diese suchen mich alle in der Maschine. Erst wenn sie diese Art von Suche aufgeben und

---

[1] Johannes 14,6.

unvoreingenommen kommen wie ein Kind, werden sie mich finden, weil sie mich dann sein lassen, der ich bin. Auf der Ebene des Kindes können sie mich sehen, erinnere dich an diese Wahrheit. Du hast es in der Maschine erlebt. Das ist für euch Menschen schwer, weil die Welt euch ja ständig eintrichtert, dass ihr nur erfolgreich sein könnt, wenn ihr nicht die seid, die ihr seid, sondern die, die das System von euch verlangt zu sein. So versuchen Menschen in der Suche nach mir irgendwie anders zu sein, als sie in Wahrheit sind, und frommes Theater zu spielen, um mich zu beeindrucken. Das ist ein Trauerspiel, was den Himmel und alle Engel in Entsetzen hüllt und den Kopf schütteln lässt.

Was manche ‚Gottesdienst‘ nennen, ist alles andere als ein Gottesdienst. Ein dem Himmel wohlgefälliger Gottesdienst ist, ganz einfach zu werden, ganz wahr und ungekünstelt und nicht eine vorgegebene Liturgie nachzuplappern, sondern das Herz zu bringen. Der ‚wahre Gottesdienst‘ ist die Vereinigung mit Gott. Kommen Menschen zusammen mit dem aufrichtigen Verlangen, Gott zu lieben, dann ereignet sich ein Gottesdienst. Aus diesem Verlangen heraus gestaltet sich eine Art von Gemeinschaft, Teilen und Anbeten, die Gott gefallen. Jeder, der einen solchen Gottesdienst erlebt, erlebt ein Stück Paradies, gelobtes Land und Reich Gottes. Er berührt die Herrlichkeit. Dies wird sein Herz nähren und stark machen in Wahrheit und Liebe.“

„Dann müssten wir eigentlich mit sehr vielen sogenannten Gottesdiensten überall auf der ganzen Welt Schluss machen?“, frage ich entgeistert.

„Das wäre sehr schön und würde den Himmel freuen, ja“, meint Jesus. „Gewohnte Formen und Traditionen können die Menschen einschläfern, mich allzu leicht ersetzen und zu Selbstläufern werden, die dann zu Götzen werden. Ihr müsst euch bei eurem Leben vor allem hüten, was euch müde und gleichgültig macht, egal wie richtig und fromm es auch aussehen und klingen mag.

Ich bin hier in der Wüste, sie ist mein Heiligtum. Wer mich sucht, wird mich hier finden. Und wer mich findet, den bringe ich ins Paradies, ins gelobte Land und das Reich Gottes. ICH BIN der Weg dorthin.“

Ich kann auf einmal sehen, wie Jesus all das in Person ist, was die Israeliten auf dem Weg durch die Wüste Sinai erlebt hatten: Er ist die Wolke und das Feuer und das Manna. Er ist der „Weg durch die Wüste", und niemand kommt in SEIN Paradies, SEIN gelobtes Land und SEIN Reich, es sei denn durch IHN. Also ist die Beziehung mit ihm der Weg.

„Ich hing nackt am Kreuz, damit ihr zur Nacktheit erlöst werden konntet", fährt Jesus mit seinem Gedanken fort. „Das heißt, ihr kommt so wie ihr seid zu mir, der ich bin, so wie ich bin. Keine religiösen, heiligen und theologischen Gewänder! Nackte Wahrheit. Wer alle eigenen Kleider ablegt und nackt zu mir kommt, dem gebe ich ein neues Kleid – für jeden einzeln angefertigt. Dieses Kleid webt sich durch die individuelle Geschichte der Beziehung zwischen einem jeden Einzelnen und mir. Es webt sich aus gelebter Wahrheit und Liebe. In Demut und Gnade. Keine Religion, Tradition und Theologie hat Zugriff auf diese Kleider. Zugriff hat der Nackte, der zu mir kommt, um mich anzuziehen."

Jetzt dämmert mir, warum der Tempel Gottes in der Beschreibung von Jesaja ganz erfüllt ist mit dem Gewand Gottes. *Ein Gewand für alle*! Alle sind bedeckt von Gott.

Jesus wendet sich und verlässt den Grat, von dem herunter er die Maschine bzw. das System Babylon betrachtete.

„Du wirst noch öfter dort für mich hineingehen", ruft er mir im Gehen zu. „Es wird noch große Konflikte um die Maschine geben, wie es sie auch früher schon gegeben hat. Jetzt sind alle Systeme der Welt mit der Maschine verbunden und von ihr infiltriert. Kaum ein Ort, an dem nicht ihre Lehre gelehrt und ihre Philosophie verbreitet wird. Schaffe einen Ort, an dem sie keinen Zugang hat! Komm mit mir in die Wüste. Dort ist der Ort, wohin die Schlange ihr Gift nicht schleudern kann. Dort sammelt sich die Armee Gottes, die aus Kindern besteht, deren Waffe Macht- und Furchtlosigkeit ist. Das sind Menschen, die ganz mir gehören und ich ihnen. Wer nicht in der Lage und bereit ist, Menschen in die Wüste zu schicken, damit sie mir dort begegnen und von sich selbst und den Verblendungen der Maschine befreit und von den Wunden falscher Hirtenschaft geheilt werden, der kann nicht ein

Hirte in meinem Namen sein. Er ist selbst verwundet, verblendet und auf dem falschen Weg."

„Wenn ich dir durch die Wüste folge, wie sieht dieser Weg dort aus?", will ich wissen. Aber sogleich singe ich mir selbst die Antwort darauf vor, weil sie schon in meinem Herzen ist:

Der Weg durch die Wüste
er ist „nah an dir sein";
in deinen Fußspuren im Sande gehen, ehe sie verwehen …
Er ist, ohne Ablenkung und Ausflucht zu sein;
er macht mich wahr bis auf die Knochen.
Ihn zu gehen, ist nur möglich in dem Glauben,
dass DU mich erhältst und sicher führst,
denn ein menschengemachter Weg ist nicht zu sehen.
Du bist der Stern in der Nacht und der Schatten bei Tag,
du bist die Wasserquelle und das Brot vom Himmel,
die mich nähren und stärken, dir zu folgen,
wohin auch immer du gehen magst.
Dieser Weg ist nur möglich in der Hoffnung,
dass dies der Weg der Erlösung ist,
der Weg nach Hause,
zu deinem und meinem Herzen
in Wahrheit und in Liebe,
die den Weg bahnen bis in das gelobte Land,
wo Milch und Honig fließen.
Dies ist der Weg, der nur in Liebe gegangen wird,
die die Furcht austreibt und mit dem Leben vereinigt.
Dies ist der Weg der Freiheit,
die den Liebenden vorbehalten ist,
jenseits von Regeln und Geboten,
die sich verlieren in der Wüste,
wo gestorben und auferstanden wird.

Die Wüste ist ein Ort der Absonderung, der „Heiligung". Dies ist ein altes Wort und wenige verstehen noch, was es bedeutet. Wer der Heiligung nachstrebt, der geht in die Wüste, um wahr zu werden und der Wahrheit Gottes zu begegnen ohne Wenn und Aber. Ja, er hält sich Gott hin, dass dieser sein Wesen in ihn gieße und ihn in sein Gewand einhülle und in sein Haus führe. Dies erfordert, sich loszulassen, die eigenen Kleider abzulegen und alte Wege zu verlassen. Das ist Heiligung. Sie ist der Weg zu der Verwandlung, die in der Begegnung mit dem Heiligen geschieht.

Dort in der Wüste lernt man, im Namen Jesu zu leben – ohne Furcht, obwohl es gerade der Ort ist, an dem man eigentlich gar nicht leben kann – aber in Gott lebt man doch. Heiligkeit ist ein gelebtes Wunder. Ist man bereit, zu sterben, dann ist man bereit für Heiligkeit. Und die Heiligkeit belebt einen mit dem Leben Gottes, welches unzerstörbar ist. Das muss einem Hirten, der dem wahren Hirten dient, bewusst sein.

Man kann in der Wüste den Verstand verlieren und Illusionen verfallen, Wachträumen von Fülle – Fata Morganas –, und die Israeliten taten es und träumten von den paradiesischen Fleischtöpfen in Ägypten. Sie waren kaum zu halten, nicht nach Ägypten umzukehren, weil sie sich so sehr darauf konzentrierten, anstatt auf Gott, der *mit ihnen war* in der Wüste. Sie wollten den Weg der Heiligkeit nicht gehen und die Vereinigung mit Gott am Berge Sinai nicht eingehen. Sie fürchteten sich vor seinem verzehrenden Feuer, als wären Glaube, Hoffnung und Liebe zu haben, ohne von ihnen verzehrt zu werden. Sie bildeten sich auf einmal ein, Ägypten – das Haus der Sklaverei – sei ein wunderbarer Ort gewesen und der Pharao gar nicht so schlimm, obwohl er sie alle hatte töten wollen und ihnen kaltblütig die erstgeborenen Söhne umgebracht hatte. Die Wüste brachte alles ans Licht: die Einbildungen ihres Herzens, die Wahrheit und die Lüge – und die Antwort darauf, wem von beiden sie *wirklich* folgen wollten.

Auch in meinem Herzen sind Einbildungen und ich möchte ihnen nicht folgen. Oh, dass sie offenbar werden ... und dann auf Nimmerwiedersehen!

Wir haben uns in Illusionen gewickelt wie in ein Kleid. Sie wurden uns vom Teufel angeboten von Anfang an. Selbstgefälliger Trug, der uns auf lange Sicht nur enttäuschen kann. Träume von Unabhängigkeit und davon, in eigener Macht und Regie zu wandeln. Selber Gott zu sein.

Und dann erwies es sich, dass es nicht so einfach ist, unabhängig und selbstbestimmt zu sein.

Dann erwies es sich, dass es nicht so einfach ist, selbst ein Paradies auf Erden zu schaffen.

Dann erwies es sich als fatal, dass Menschen Macht über Menschen ergreifen und sich Größe anmaßen.

Es erwies sich, dass es nicht so einfach ist, Gott zu spielen.

Ich bete: „Mein Gott, auch in mir ist die Anlage zu trügerischer Illusion und jenem perversen Stolz. Darum will ich mich zu dir wenden und mich loslassen in deine Hand. Darum will ich mich von dir behandeln und kleiden lassen. Ich will den Trug ablegen und wahr sein ohne Ausflucht und Ausrede. Aber ach, nichts davon vermag ich, wenn du es mir nicht zukommen lässt ... wenn du nicht *in mir* bist, um all dies in mir zu tun. Mein Gott, mein Inneres muss ich dir ausliefern und vorlegen und dich darin alles Gute wirken lassen und im Besonderen *deinen* Glauben, *deine* Hoffnung und Liebe entfalten lassen. Wie können wir Menschen leben, wenn wir nicht bestimmt sind von diesen Kräften? Sind wir nicht geschaffen, gerade diese zu beherbergen und auszuleben? Ist unser Inneres nicht wie ein Gefäß, wie geschaffen für sie? Was füllt sich dort hinein, wenn nicht diese Elemente, die nichts anderes als der Ausdruck deiner Anwesenheit in uns sind? Werden wir eine Schlangengrube sein oder ein Haus Gottes?"

Mir wird neu klar, dass Gott unser Zelt sein will, in dem wir wohnen, denn er hat in seinem Inneren Platz für uns. Und andersherum will auch er in uns wohnen wie in einem Zelt. Unser ganzes Leben ist ein Haus. Wir können es für uns behalten und haben auch die Freiheit, darin wer weiß was wohnen zu lassen, aber das Höchste ist, Gott in unser Haus aufzunehmen und dort leben zu lassen. Er in uns und wir in ihm, das ist das Ziel der Erlösung, das Evangelium.

Ich gehe mit Jesus weiter durch die Wüste und habe keine Ahnung woher und wohin, aber wegen seiner Anwesenheit fürchte ich mich nicht und komme nicht mal auf die Idee, mir Sorgen über den Weg zu machen, oder wie ich diesen und den kommenden Tag in der Wüste überleben kann. Er *ist* ja mein Leben. Ja selbst der Wüste, durch die wir gehen, wird in seiner Anwesenheit deutlich, dass sie lebt, weil er lebt. Alles wird Anbetung in seiner Gegenwart. Alles scheint glücklich zu werden in seiner Nähe. Alles scheint sich „richtig" zu fühlen und ganz zu sich selbst zu kommen in seiner Anwesenheit. Alles – die belebte und die unbelebte Natur – kommt in seine Kraft und in den bestmöglichen Ausdruck seiner selbst, wenn die Berührung mit Jesus gegeben ist. Das „Vollkommen-Werden" geht von Jesus selbst aus. Nichts macht sich selbst vollkommen, sondern es empfängt die Kraft von Gott, zu sein bis zum Äußersten.

Wieder muss ich beten: „Auch ich will sein bis zum Äußersten! Wenn ich heute zur Arbeit gehe und wieder nach Hause komme; was auch immer ich in diesem Tage lebe – es soll bis zum Äußersten sein. Nicht durch Sorgen und Ängste auf Sparflamme, nicht in möglichst intensiver Vermeidung und Zurückhaltung, sondern stark. O mein Gott, ich bitte dich um diese Erfahrung! Komm, sei in mir! Dann werde ich in deinem Namen aufstehen und wunderbar sein mit Kraft. Dann werde ich dich in alles mit hineinnehmen, wohin ich auch gehe. Dann ist es deine Herrlichkeit, die verkündet wird durch mich und die alles zu Anbetung provoziert. Dann werden Menschen gesunden, wach werden und erstaunt auf die Knie fallen, wenn ich nur vorbeigehe – wegen deiner Herrlichkeit in mir. Und wenn sie fragen: ‚Wer bist du?!', dann kann ich sagen, dass ich dein Zelt bin."

Durch die Wüste Sinai wurde von Mose damals ein Zelt getragen: Es wurde das „Zelt der Begegnung" genannt. Dort begegnete Gott dem Mose von Angesicht zu Angesicht und redete mit ihm wie mit einem Freund. Heute sind *wir* dieses Zelt, welches die Gegenwart Gottes beherbergt. Wer zu uns kommt, sollte geradewegs zu Gott kommen und ihm begegnen können. Ist diese Vorstellung nicht beglückend?

Da sie voller Selbstlosigkeit ist, ist diese Vorstellung beides: beglückend und furchterregend zugleich. Denn wenn ich Gott in mir wohnen lasse, den ich nicht kontrollieren kann, dann lebe ich „Risiko". Dann muss ich mich selbst ständig loslassen und die so gewohnte und ach so vertraute Furcht, die ich als solche oft gar nicht mehr wahrnehme, aufgeben zugunsten des Glaubens an Gott in mir, der sich niemals fürchtet. Ihm zu gehören, ist, ihm zu dienen, und dieser Dienst zerbricht das Joch der Furcht und Scham, welches die Welt komplett beherrscht.

Ich frage mich: Wie wird die Welt auf jemanden reagieren, der sich nicht fürchtet und schämt? Wie geht sie mit jemandem um, der nicht unter ihrer Herrschaft steht, sondern ganz frei davon ist und noch mehr, der eine höhere Autorität beherbergt, als sie es ist?

Sie wird so jemanden einerseits bewundern, andererseits fürchten. Sich zu so jemandem zu halten, ist ein Verrat an „der Welt" und ihrem System der Kontrolle. Dem Freien muss Gesetzlosigkeit vorgeworfen werden, so wie es damals Jesus vorgeworfen wurde. Seine Freiheit war unerträglich. Sie bewies, dass alle Sklaven sind, auch die, die sich frei wähnen. Und sie bewies, dass ein Mensch keine äußeren Gesetze braucht, sondern Gott im Inneren, um „gut" zu sein. Wer liebt, braucht kein Gebot. Jesus ist das Ende des Gebotes und der Anfang der Freiheit. Er ist das Ende der Furcht und der Anfang des Friedens. Er ist das Ende der Welt und der Beginn des Himmels.

Während ich all diesen Gedanken nachhänge, geht Jesus mit mir immer weiter durch die Wüste; ich weiß nicht wohin. Schließlich kommen wir an ein Zelt. Es ist rund gebaut wie eine Jurte und sieht nicht weiter besonders aus, obwohl ich weiß, dass es sich um das „Zelt der Begegnung" handelt. Es ist allerdings nicht das Zelt des Mose von damals, aber es geht um die gleiche Sache: die Begegnung mit Gott.

„Begegnung braucht immer einen Raum und Begegnung schafft auch immer einen Raum", sagt Jesus. „Sie beginnt ganz unscheinbar und irgendwo im Nirgendwo, wie dieses Zelt in der Wüste es symbolisiert. Es steht fern der Geschäftigkeit der Welt. Sie weiß es nicht zu finden, da es in der Wüste steht und ihrem kontrollsüchtigen Zugriff verborgen ist. Keine Straße führt hierher. Genauso war es damals mit meiner Geburt in Bethlehem. Wer hat mich dort vermutet und gefunden?

Je mehr man Gott kontrollieren möchte, desto mehr scheint er den Menschen zu entschwinden. In den größten Kathedralen und religiösen Bauten findet man ihn am wenigsten, in der unscheinbarsten Hütte am ehesten. In der Gegenwart Gottes muss alles einfach und wahr sein, denn Gott ist einfach und wahr. Alles Künstliche, Beeindruckende, Einschüchternde und Manipulierende kann nicht bestehen. Die Zelle der Mönche ist viel geeigneter für eine Begegnung mit Gott als eine gewaltige Kirche, in der sich jedermann klein fühlt und friert. Auch kann nicht eine Generation der anderen ein ‚Gotteshaus‘ vererben. Auch wenn eine Gemeinschaft für sich den rechten Raum der Begegnung erkannt hat, wird er es nicht für eine andere Gemeinschaft und Generation sein. In allem und immer neu will Gott gefragt sein, wie ihm begegnet werden kann. Wahre Kirche ist Begegnung mit Gott, nicht Organisation, Gebäude, Liturgien, Programm und dergleichen. Die Begegnung mit Gott ist immer in größtmöglicher Einfachheit, Offenheit und Direktheit.

Frage dich doch selbst: Welcher Raum hilft einem Menschen heute dazu? Ort und Umstände müssen es jemandem erlauben, ‚nackt‘ zu werden vor sich selbst und Gott. Ein wahrer Hirte achtet auf die Räume, die für die intime Begegnung mit Gott günstig sind.

Das Zelt der Begegnung symbolisiert auch, dass Gott in Bewegung ist, denn ein Zelt ist mobil. Es wandert durch die Wüste und zu allen Orten, wohin auch immer Gott mit seinem Volk ziehen will.

Ein wahrer Hirte wird immer darauf achten, wohin die Gegenwart Gottes sich bewegt. Die Fixierung auf immer gleiche Versammlungsorte, immer gleiche Programme und Abläufe ist gefährlich, da sie den Menschen einschläfert und seine Wachsamkeit durch Routine untergräbt. Der Ruf Gottes an einen Menschen ist immer ein Aufruf zum Aufbruch aus dem Gewohnten und Gehabten.

Menschen müssen wie die Schafe immer weitergehen, sonst kommen sie auf der abgegrasten Weide um. Vieles, was Kirchen, Gemeinden und religiöse Gemeinschaften noch besitzen, ist abgegraste Weide. Da gibt es nichts mehr zu holen. Das Zelt der Begegnung ist längst weitergezogen, aber die Herde ist mit ihren Hirten nicht mitgezogen, sondern stehen geblieben und hat ‚ewige‘ Gebäude und Traditionen errichtet, die das Weitergehen geradezu einfrieren. Manche stehen seit Jahrhunderten still und haben auch nicht die leiseste Idee, wo die Gegenwart Gottes hingewandert ist. Darum müssen sie die Gegenwart Gottes durch etwas anderes ersetzen und eine ‚heilige Atmosphäre' schaffen mit Kerzen, Gewändern, goldenen Monstranzen, hoher und kunstvoller Architektur usw., um den Anschein zu erwecken, das Heilige immer noch bei sich zu haben."

Ich frage mich neugierig, was sich wohl im Inneren des Zeltes befindet, wo es doch von außen so unscheinbar ist. Wie ist wohl ein Ort beschaffen, in dem es nur und ausschließlich um Begegnung miteinander geht?

„Das Zelt der Begegnung baut sich aus der Begegnung heraus selbst. Es ist für jeden Menschen unterschiedlich, so wie seine Wahrheit und Liebe sich von der eines anderen Menschen unterscheidet. Aber manche grundlegenden Elemente sind auch gleich. Es gibt immer einen Eingangsbereich, denn eine Beziehung braucht immer einen Bereich des Eintretens und des sich Bereitmachens für die Begegnung."

Wir treten durch den äußeren Vorhang in den Eingangsbereich des Zeltes ein. Als Erstes erkenne ich, dass man hier zunächst einmal die Schuhe auszieht und barfuß geht. Allein diese kleine Geste macht einen erheblicheren Unterschied, als ich gedacht hätte. Man lässt das „Draußen" viel eher draußen, wenn man die Schuhe auszieht und die Füße den Boden des Hauses spüren, das sie betreten. Es ist ganz wunderbar.

„Viele Menschen haben keine Übergangsrituale mehr", sagt der Herr. „Sie kommen innerlich unvorbereitet in eine Versammlung gefahren, den Kopf voll mit Dingen des Alltags und nicht mit der erregten Erwartung, MIR zu begegnen. Sie halten nicht inne auf der Schwelle und besinnen sich, worum es eigentlich geht. Das Ausziehen der Schuhe und das Barfußgehen macht einen Unterschied für die Füße, die die ‚Gottesdienst-Pflicht' schnell hinter sich bringen wollen, um mit dem Alltag, der scheinbar so gar nichts mit mir zu tun hat, gleich weiterzumachen. Der Moment des Schuhe-Ausziehens hält die Eile an. Wahre Begegnung kann Eile nicht aushalten."

Dann gibt es dort auch andere Kleider, weich und schön, die angezogen werden können. Es ist, wie wenn man nach getaner Arbeit nach Hause kommt und sich nun etwas Bequemes anzieht. Dieser Prozess des Umziehens hilft einem noch mehr als das Schuhe-Ausziehen, anzukommen.

Ich sehe in dem Eingangsbereich auch ein Becken mit Wasser für das Gesicht und die Hände.

„Das Gesicht mit Wasser zu benetzen, gibt euch das Gefühl, das ‚Draußen' abzuwaschen, und es hilft euch, euer Gesicht zu spüren. Das Gesicht ist für wahre Begegnung immer von zentraler Bedeutung. Gott möchte euch ‚von Angesicht zu Angesicht' begegnen", sagt der Herr. „Sind eure Füße nicht schon gewaschen, könnt ihr auch die waschen, sodass alle sichtbaren Teile eures Körpers vorbereitet sind und ihr ohne Bedenken damit eintreten könnt."

Dann gibt es da schließlich auch noch einen Tiegel mit wohlriechender Lotion. Dies ist ebenfalls für Gesicht und Hände – und für die Füße. Die Entspannung, Erfrischung und der Geruch, den die Salbung auf das Gesicht bringt, geben ihm besondere Bedeutung und helfen sehr, sich seiner Haut bewusst zu werden.

„Ihr habt heutzutage weder die Ruhe kultiviert, die eine wahre Begegnung aber immer braucht, noch rechte Rituale zum Eintreten in eine Begegnung mit Gott. Es geht nicht um das Eintreten in eine heilige Kirche oder so etwas. Ihr könnt die gleichen Rituale in ähnlicher Form an jedem Ort durchführen, sogar allein im Geiste. Sie sind auch nicht heilig in sich und brauchen keine Bände voller Vorschriften. Es geht darum, euch auf eine *wirkliche Begegnung* einzustellen, wofür gewisse Rituale hilfreich sind. Das gilt ja ebenso für wirkliche und intime Begegnungen zwischen Menschen. Auch dafür wäscht man sich, zieht sich um, macht sich duftend und schön. Denn man wird sich nahe kommen.“

Nun stehe ich gewaschen und gesalbt, mit dem bequemen Gewand gekleidet und barfuß bereit, um einzutreten in das Innere des Zeltes der Begegnung. Da nimmt mich jemand an der Hand, um mich den Weg der wenigen, verbleibenden Schritte zu geleiten. Erst denke ich, es sei wohl ein Engel, aber dann nehme ich wahr, dass es der Heilige Geist ist. „Ich werde dich begleiten in das Innere des Zeltes. Ohne mich kann keine Begegnung mit Gott stattfinden. Ohne mich kannst du dieses Zelt nicht einmal finden“, sagt er.

Mir ist, als nehme der Heilige Geist mich nicht nur an der Hand. Er nimmt mein ganzes Wesen an seine Hand. Ich gehe wie getragen … und ich fühle mich schön werden wie eine Braut. Das Verlangen, für Jesus schön zu sein, wie es nur möglich ist, schön zu sein und in Liebe zu ihm hinzufließen ohne Vorbehalt, erfüllt mich. Der Heilige Geist scheint in mir dieses Verlangen irgendwie zu entfachen. Ich möchte mich an den Herrn verlieren – und selbst wenn er einen völlig unkonventionellen Weg gehen sollte, der den Menschen unsinnig erscheint, unbedingt mitgehen. Mit ihm zu gehen, das ist es, was alleine wichtig ist. All die endlosen irdischen Sorgen und Themen fallen wie Tand von mir ab, und ich will leichtfüßig tanzen. Ich will dieses Zelt immer wieder finden und eine Abmachung mit dem Heiligen Geist treffen, mich diesen Ort immer, mein ganzes Leben lang, finden zu lassen.

„Ein wahrer Hirte kennt diesen Ort und hat eben diesen Bund mit dem Geist geschlossen, ihn zu bitten, diesen Ort immer zu finden und ihn in die Braut Christi zu verwandeln. Wenn das Feuer der ersten Liebe brennt, kann das Innere des Zeltes betreten werden. Wenn dieses Feuer nie angezündet wurde oder wie erloschen ist, dann wird der Geist alles tun, um es zu entzünden und zu entfachen. Nur wer mich liebt, kann hier eintreten."

Diese Worte sagt nun wieder Jesus, der die ganze Zeit während der Erlebnisse in dem Vorzelt bzw. im Eingangsbereich des Zeltes der Begegnung anwesend war. Er scheint zu meiner Überraschung auch selbst all die Vorbereitungen zu durchlaufen, aber bei ihm ist alles wie eine einzige Bewegung. Bei mir besteht die Vorbereitung aus einer Abfolge einzelner Aktionen, bei ihm aber ist es wie ein einziger Zusammenhang. Das Handeln fließt aus dem Sein und ist von ihm nicht zu unterscheiden, so wie ich das als Mensch gar nicht kenne und mir gar nicht vorstellen kann. Die Übereinstimmung von Absicht und Handlung, von Wesen und Ausdruck ist vollkommen.

Wie kann ein Mensch zu einer solchen Einheit mit sich selbst kommen? Ich weiß, dass viele Menschen in vielen Religionen und esoterischen Kreisen danach streben und Übungen der Achtsamkeit und Bewusstheit durchführen. Jedoch ist die ganze Welt aus dem Einklang mit sich selbst, mit Gott und einander gefallen. Sie ist aus der Liebe gefallen und der Weg der selbstverständlichen und furchtlosen Einheit mit allem ist verloren. Das Zelt der Begegnung ist zwar in der Welt zu finden, aber es ist nicht von dieser Welt. Welt und Zelt sind nicht eins. Ich nun komme aus der Welt der Zertrennungen und gehe in das Zelt der Einheit. Kein Wunder, dass es für mich einen Übergang braucht, eine Brücke, auf der ich von dem einen in das andere hinübergehen kann. Der Tod des Christus ist die Brücke geworden. Auf ihr kam Jesus aus dem Himmel in die Welt und auf ihr komme ich aus der Welt in den Himmel. Und der Heilige Geist ist es, der mich hinüberbegleitet. Ich kenne und verstehe den Weg nicht; er erschließt sich im Gehen, und das erfordert Vertrauen bei jedem nächsten Schritt.

„Geh im Vertrauen einen Schritt nach dem anderen, aber geh!", spricht Jesus bestimmt. „Bleib niemals stehen und meine, du seiest mit allem fertig und würdest alle Geheimnisse kennen. Viele haben das gemeint und sind in Stolz verfallen, anstatt – Kindern gleich – im Vertrauen immer einen weiteren Schritt zu gehen. Manche Schritte brauchen lange, weil in ihnen ein großer Prozess durchlaufen wird, andere sind kaum merklich und es geht schnell voran. Eine Beziehung bleibt nie stehen, sie lebt, sie entwickelt und entfaltet sich: dies ist das ‚Zelt der Begegnung'."

Damit trete ich durch den nächsten Vorhang ein in das Hauptzelt. Ein schöner Raum voller Stoff rundherum. Ein klein wenig lässt er mich an eine große Gebärmutter denken.

Die Farben sind sanft und hell, die Stoffe weich und warm. Es ist wie am Anfang dieser Geschichte im Tempelraum, wo die Säume des Gewandes Gottes den ganzen Raum füllen. Dort hatte ich mich damals niedergelegt und war ganz „klein" geworden. Auch hier habe ich das Bedürfnis, mich hinzulegen und einfach nur da zu sein.

„Ein wahrer Raum der Begegnung ist ein Raum, wo die sich Begegnenden einfach da sein können, ganz sie selbst ohne Furcht und Scham, sondern in Liebe und Gnade. Ein Raum, in dem nichts geschehen muss, ist der Raum, in dem das Wahre geschieht. Das Baby im Mutterleib ist einfach nur da – und sein *Sein* wächst mit jedem Tag. Seine Einheit mit der Mutter ist ohne Worte von Herz zu Herz, Geist zu Geist. Es gibt noch keine Trennung. Das Sein des Menschen kann auch nach der Geburt immer weiter wachsen, aber bei vielen Menschen hört das Wachstum auf, weil sie keinen Raum dafür finden oder bilden können. Die Sehnsucht jeder Familie ist eigentlich die, einen Raum des Werdens zu bilden und ein Zelt der Begegnung zu sein, in dem alle Mitglieder einfach ‚da sein' können in Liebe und Gnade. Jedoch verlieren die vielen diesen Sinn im Alltagsgeschäft und sie finden nicht mehr zueinander. Sie vergessen das Schuhe-Ausziehen und die Waschung, das Umziehen und Sich-schön-Machen. Sie vergessen das Ritual des Eintretens in die Begegnung und somit kommen sie nicht mehr über die Schwelle hinein in den Raum des ‚einfach da seins' in Liebe und Gnade, wo sie wachsen würden in ihrem Sein. Sie verlieren sich an die Rollen, die sie spielen und betäuben ihre unglücklichen Herzen. Diesen Zustand erdulden viele sehr lange, ehe sie zerbrechen und ehrlich werden. Dies aber ist die Voraussetzung zur Genesung."

„Aber dieser Raum braucht auch Mut", antworte ich dem Herrn. „Er fordert nicht nur ein äußeres Ablegen der Arbeitskleidung, sondern auch ein Ausziehen der Äußerlichkeit überhaupt und ein sich Loslassen in diesen Raum hinein. In ihm braucht es ein ‚so sein, wie man ist', ein authentisch sein. Aber dahin zu gelangen, ist uns Menschen nicht einfach. Wir wissen so wenig darüber, wer wir eigentlich sind und was wir wirklich meinen, fühlen und wollen. Wir brauchen Hilfe!"

Während ich das sage, werde ich ganz aufgeregt, weil mir bewusst wird, dass wahre Begegnung nicht geschehen kann auf der Basis von menschlichem Kalkül, traditionell vorgegebenen Rollen und kulturellen Klischees. Wahre Begegnung sowohl mit sich selbst, dem Nächsten wie auch Gott scheint mir hier auf einmal ganz übernatürlich zu sein, als könne das überhaupt nicht „gemacht", sondern ausschließlich empfangen werden. Damit aber entzieht sie sich der Kontrolle und damit wäre jede wahre Beziehung jenseits menschlicher Kontrolle.

„Ein Kind macht sich um so etwas keine Sorgen."

„Müssen wir für alle wahren Beziehungen Kinder werden?"

„Ihr verwechselt Erwachsensein mit Kontrolle."

„Was ist Erwachsensein?"

„Reife.

„Was ist Reife?"

„Leben ohne Furcht"

„Wie fürchtet man sich nicht?"

„Indem man ein Kind wird, das sich keine Sorgen macht."

„Und wie werde ich ein Kind?"

„Indem du im Zelt der Begegnung erkennst, dass du eines bist. Komme nur immer wieder hierher und du bleibst im Kontakt mit deinem Herzen – deiner Wahrheit und Wirklichkeit, die im Herzen ist und nicht in der Rationalität. Liebe auf jeder Ebene bewirkt dieses ‚Zu-sich-Kommen'. Wo die Liebe fehlt, vergisst und verliert ein Mensch sich selbst.

Hier im Zelt der Begegnung wirst du dich erinnern, wer du bist und ebenso immer wieder neu erkennen, wer ich bin. Eine Beziehung lebt von Erinnerung und Bestätigung. Du und ich, wir haben ein Geheimnis. Wir pflegen es hier im Zelt der Begegnung. Das Zelt ist für jeden Menschen anders. Wer hier hereinkommt, findet sich und mich. Er findet hier seine Geschichte mit mir. Hier wird sie erinnert. Denke an das Zelt der Begegnung von einst. Was war denn dort im innersten Heiligtum? Die Bundeslade. Und was war die Bundeslade? Eine Kiste. Und was befand sich in der Kiste? Die Tafeln des Gesetzes, das Manna und der grünende Stab Aarons. Diese Gegenstände waren Symbole der Geschichte Israels mit Gott. Sie durften nicht in Vergessenheit geraten. Sie besiegelten den Bund, der aus Israel und mir eins machte."

„Was besiegelt den Bund zwischen dir und mir? Was symbolisiert unsere Geschichte?", frage ich Jesus.

Ich denke dabei zunächst, dass er mir nun sicher das Kreuz zeigen wird, das Blut und das Wasser der Taufe. Darin zeigt sich das Opfer, welches er für mich gebracht hat. Er hat sich nicht zurückgehalten, er ging bis zum Äußersten, um von seiner Seite aus Liebe und Gnade zu erweisen. Jesus antwortet mir auf meine Frage aber nicht direkt und gibt mir damit Zeit, über unsere gemeinsame Vergangenheit nachzudenken.

Ich liege am Boden des leeren Raumes und versuche, mich an die erste Begegnung mit Jesus zu erinnern. Vor vielen Jahren war es gewesen. Ich war im Zustand völliger Zerbrochenheit und Depression. Heute würde man sagen, ich sei „suizidal" gewesen. Da griff ich nach dem Strohhalm der Hoffnung, der mir gereicht wurde und wandte mich an Jesus, den ich weder kannte noch an den ich glaubte: „Jesus, wenn es dich wirklich gibt, dann zeige es mir!" So betete ich, ohne zu wissen, wie man betet. Und da begann es. Da erwachte mein erstorbener Geist zu neuem Leben.

Irgendwie weiß ich, dass dieser Moment in diesem Raum gegenwärtig ist. Er ist eingewoben in den Stoff, der mich umgibt. Der Stoff ist wie gewebt aus Erlebnissen und Geschichten. Er ist nicht einfach nur Gewebe aus Fasern, sondern aus Geschichten zwischen mir und Jesus. Sie haben ein Zelt gebildet.

„So sind alle wahren Beziehungen. Sie weben einen Stoff und bilden das Material für ein Zelt zum Wohnen", sagt der Herr, der seine Hände sanft über den Stoff gleiten lässt. Dabei ist es, als würde der Stoff Jesus kennen und die Berührung erwidern. Es ist *sein* Stoff ... und auch meiner. Es ist *unser* Stoff.

„Du willst wissen, was das Gerüst des Zeltes ist, an dem der Stoff hängt, nicht wahr?"

Er hat meine Gedanken erraten oder gelesen. Tatsächlich habe ich gerade überlegt, was wohl die Stäbe sein mögen, die das Zelt halten.

„Es sind die Entscheidungen, die du für unsere Beziehung getroffen hast – immer wieder. Mit den Jahren sind sie reifer und bewusster geworden. Manchmal waren sie kostspielig und haben dir menschlich gesehen Nachteile und Schmerzen eingebracht. Aber jede wahre Beziehung geht durch kostspielige und schmerzliche Entscheidungen. Diese sind die Pfeiler des Zeltes der Beziehung.

Die Entscheidung zum Gebet hat zum Beispiel euren ganzen Gebetskreis einiges gekostet, aber das hat das Gebet umso kostbarer gemacht und den Raum der Begegnung nur erweitert. Ein billiges Gebet hätte das nicht bewirkt. Ihr seid sowohl mir als auch euch selbst als auch einander nähergekommen mit jedem Entschluss, trotz Schwierigkeiten und Infragestellung von allen Seiten, weiterzumachen. Ihr könnt heute wahrer miteinander sein in Liebe und Gnade als vor einem Jahr. Jede neue Entscheidung für das Gebet, die Anbetung, die Gemeinschaft der Gruppe baut das Haus des Gebets. Jeder wahre Hirte weiß, dass Menschen von Entscheidung zu Entscheidung gehen. Immer wieder neu erwählen sie die Beziehung zu mir und zueinander in wachsender Liebe und Gnade. Immer reifer werden die Entschlüsse, immer bewusster, immer kostbarer.

Am Anfang unserer Beziehung ging es um Treue in kleinen Dingen. Heute geht es um Treue in größeren Dingen, um tiefere Einsichten und höhere Erkenntnisse. Die Tragik vieler Christen ist, dass sie mit dem Wachstum stehen bleiben, wenn sie die Grenzen dessen erreicht haben, was ihnen ihre Gemeinden lehren, ermöglichen und erlauben. Aber die einzige Möglichkeit, in einer Beziehung weiterzukommen, ist Wachstum. Doch genau davor fürchten sich viele. Sie fürchten sich vor dem Anspruch und der Unkontrollierbarkeit einer wachsenden Beziehung. Viele Menschen schrecken vor der Reife zurück, denn sie bringt Verantwortung mit sich."

Ich stelle mir vor, dass Jesus zu mir tritt und ich einfach in seiner Gegenwart ruhe, die voller Segen und Frieden ist. In seinem „Dasein" da sein, das ist es, was ich will. Kind sein.

Ich liege, und seine Hände streichen so sanft wie über den Stoff unserer Geschichte, so über mich und ich werde sehr ruhig und kann mich ganz fallen lassen in das Dasein dessen, der alles erfüllt. Ich brauche keinerlei Vorbehalt gegen Jesus haben, der mich durch und durch kennt. Weder Furcht noch Scham wohnen in diesem Zelt und so sollten sie in keinem Zelt der Begegnung in aller Welt wohnen.

Während ich darüber nachsinne, wird mir klar, dass das „Ende der Welt" eine Ausbreitung des Zeltes der Begegnung über die ganze Erde sein wird. Die Anwesenheit Gottes wird die Erde erfüllen wie die Wasser das Meer. Das gottlose Wesen wird davon verschlungen werden und vergehen. Danach ist das Antlitz der Welt ein anderes wie zuvor. Wir tragen die Botschaft in die Welt: „Euer Gott ist hier! Er ist nicht fern; er ist nah! Der Himmel ist zu euch gekommen; ihr braucht nicht warten, bis ihr gestorben seid. Jesus hat den Preis bezahlt, euch nahezukommen. Er will euch, so tretet ein in die Beziehung mit ihm und errichtet das Zelt der Begegnung für euch und die ganze Welt." Ich erinnere mich, dass von Jesus das Wort geschrieben steht: „Mein Haus wird ein Bethaus genannt werden *für alle Nationen*."[2]

Ich liege im Schoß Jesu und unsere Augen treffen sich. Wie ein Baby sich lächelnd in den Augen der Mutter verliert, so verliere ich mich hinein in diesen Blick. In dem Herzen hinter diesen Augen ist Raum für mich. Ich bin von dort ausgegangen in die Welt und ich kehre dorthin zurück. In diesen Augen bin ich geborgen und zu Hause. Mein ganzes Wesen scheint von diesem Blick neu geordnet bzw. transformiert zu werden. Dieser Blick ist

---

[2] Vgl. Markus 11,17.

es, wonach sich wohl jedes Menschenherz sehnt. Dieser Blick beantwortet alle Nöte und bringt in eine vollkommene Ruhe. Um diese Augen zu wissen, dass sie *mich* ansehen, das ist die Erfüllung der großen, alten Segensworte der Thora:

Der Herr segne und behüte dich! Der Herr lasse sein Angesicht leuchten über dir und sei dir gnädig! Der Herr erhebe sein Angesicht auf dich und gebe dir Frieden! (4. Mose 6,25).

Jeder Mensch ist geschaffen, im Angesicht Gottes zu leben, behütet, begnadet und befriedet. Wie konnte die Kirche nur wagen, eine Art Drohung aus dem Angesicht Gottes zu machen? „Der liebe Gott sieht alles!", wird gesagt und dabei das Bild eines Zensors und Richters vermittelt, dem man bloß nicht unter die Augen kommen sollte, weil er anscheinend nichts Besseres zu tun hat, als einen mit Furcht und Scham zu quälen, wovon man auch ohne ihn schon genug hat. Das Nähren eines schlechten Gewissens, um Kontrolle über einen Menschen auszuüben, ist so gänzlich widergöttlich und antichristlich, dass ich nur erschauern kann. Es ist eine typische Eigenschaft des religiösen Systems, der großen Maschine, die Sklaven braucht und mit Freiheit nichts anzufangen weiß.

Hier, im Inneren des Zeltes der Begegnung, da schaut man sich in die Augen … und verliert alle Furcht und Scham. Man vergisst das einfach.

„Herr, was sagen deine Augen, wenn ich in sie schaue? Ich spüre, dass ich geradewegs durch sie hindurch in dich hineingezogen werde."

„Wenn wir jemandem in die Augen schauen, dann schauen wir in ihn hinein. Die Augen sind wirklich die Fenster der Seele. Schaue mich ohne Vorbehalt an und du siehst die Dimension hinter dem Äußerlichen. Ein Blick – wahrhaft! – kann das ganze Leben verändern. Ein Blick kann so gewaltig und eindrücklich sein, dass ihn die Seele niemals wieder vergisst. Mit einem Menschen so einen Blick auszutauschen, der Einheit und Nähe ausdrückt, das ist ein Schritt aus der inneren Isolationshaft, die du gut kennst. Gibt es wohl jemanden, der ‚sein Angesicht auf dich erhebt'? Jemanden, der aufmerkt, wenn dein Name genannt wird, der dich also liebt? Die Menschen suchen in den Augen der anderen Menschen sich selbst. Sie suchen in ihrem Spiegel verzweifelt Annahme und Bestätigung.

Andere wollen sich dem von den anderen Gesehen-Werden entziehen. Viele Brillen sind nur darum auf Nasen, weil sie eine Barriere aufrichten zwischen ihren Augen und denen der anderen. Sie verstecken sich hinter ihrer Brille. Sie schämen sich geradezu ihrer Augen und ihres Blickens. Wenn du einem Menschen gegenüber jeden Vorbehalt und jede Sicherung ablegst … und der andere dir gegenüber, dann kommt es zu einem ganz offenen und direkten Blick, der euch sehr viel voneinander mitteilt – mehr als Worte zu sagen vermögen. Alle Menschen suchen diese Blicke, aber sie fürchten sich auch und schämen sich, was ihren Blick verschleiert und das lebendige Sprechen der Augen mit der Zeit sterben lässt.

Es steht geschrieben: ‚Niemand kann Gott sehen und leben.‘ Mose durfte mich nur von hinten anschauen, als ich an ihm vorüberging. Hätte er mich angesehen von Angesicht zu Angesicht, wäre er in mich hineingestorben. Er wäre buchstäblich von diesem Blick gefangen worden und nicht wieder aus ihm herausgekommen. Wer mich anschaut, der will nicht wieder aufhören, mich anzuschauen und kann nicht einfach damit aufhören. Der Heilige Geist aber teilt euch so viel von diesem ‚mich sehen‘ mit, wie ihr ertragen könnt.

Viele wollen mich sehen, aber sie sind nur neugierig oder suchen eine spirituelle Erfahrung. Einander wirklich anschauen, ist eine sehr intime Erfahrung und sie kann ohne Vorbereitung nicht geschehen. Vielen meiner Kinder begegne ich zunächst im Traum und lasse sie mich dort sehen, weil sie dann bereiter sind, als im Wachzustand mit seinen Ablenkungen. Die Erscheinung im Traum ist auf verschiedenen Stufen möglich, je nach Zustand der Person. Manche haben sehr intensive Träume, weil ihr Geist ganz wach ist, andere sind so müde in ihrem Geist, dass der Traum ihnen undeutlich erscheint. Aber nicht der Traum ist es, sondern sie selbst sind indifferent.

Du kannst den Menschen sagen, wer mich sehen will, der kann den Heiligen Geist darum bitten, und es ist tatsächlich die größte

Bitte, die gestellt werden kann, denn wer mich sieht, der erkennt, dass er erkannt ist von mir, und dann gibt es keine Rückkehr mehr zu einem gewohnt gottlosen Alltag, der beherrscht ist von Mühsal und Not. Niemand, der Gott sieht, kann am Leben bleiben. Das heißt, jemand kann dann nicht mehr sein gewohntes Ego-Leben weiterführen wie gehabt. Viele stellen sich das aber so vor. Sie meinen, mich nebenbei einmal sehen zu können, und trotzdem geht alles seinen gleichen Gang weiter wie zuvor. Dies ist nicht möglich. Meine Augen durchdringen einen Menschen bis auf den Grund. Wer sich schämt und wer Angst hat, offenbar zu werden, dem werde ich mich nicht zeigen. Man kann einander nur dann ‚erscheinen' bzw. sich ganz offen ansehen, wenn man ganz und gar ehrlich ist. In diesen Zustand aber muss der Geist einen Menschen erst einmal bringen, sonst würde er meinen Blick nicht ertragen – gerade darum, weil er ganz wahr ist und ganz wahr macht und weil er ganz Liebe ist und ganz Liebe verlangt.

Wofür sollte mich jemand sehen, der eine andere Intention hat als die, mich zu lieben? Was soll eine Offenbarung jenseits von Liebe überhaupt bringen? Wenn es Wahrheit und Liebe sind – und das sind zwei Seiten einer Medaille – die danach verlangen, mich zu sehen und meine Augen zu finden, dann erhöre ich das Gebet. Die mich lieben, werden mich sehen. Die mich nicht lieben und die mich für eigene religiöse Zwecke benutzen und mit meinem Namen Machtsysteme aufrichten wollen, die werden mich niemals sehen.

Und was für mich gilt, gilt ebenso für euch Menschen untereinander. Auch wenn eure physischen Augen euch untereinander ansehen, sieht doch kein Mensch einen anderen wirklich, es sei denn in Liebe. Ihr könnt die Wahrheit eines Menschen nicht kennen, es sei denn durch die Liebe. Nur sie lässt den andern sein, der er ist.

Heute meinen viele, sie hätten die große Menschenkenntnis durch psychologisches Wissen, aber sie bleiben nur an der Oberfläche und können die Tiefe eines Menschen – sein Herz – kein bisschen verstehen oder gar therapieren.

Das größte Gebot ist: ‚Du sollst Gott lieben mit deinem ganzen Herzen, deiner ganzen Seele und ganzen Kraft.'[3] Dafür ist dieses Zelt der Begegnung da. An anderer Stelle nannte ich es das ‚Kämmerchen', und sprach von der Verborgenheit, in die es zu gehen gilt, wenn wahres Gebet geschehen soll, welches Begegnung mit Gott ist.[4]

Menschen meinen, Gebet sei, Gott mit Anliegen zu überhäufen oder ihn zu überreden, irgendetwas für sie zu tun – aber das ist kein Gebet. Da Gott schon alle Anliegen und die Geschichte eines Menschen durch und durch seit Ewigkeit kennt, ist das auch nicht nötig.

Ich sagte: ‚Kommt her zu mir alle, die ihr mühselig und beladen seid.'[5] Ihr machtet daraus: ‚Bringt mir all eure Mühsal und Beladenheit.' Aber nein, ich meinte EUCH und nicht die Lasten, die zu mir kommen sollen. IHR seid es, um die es geht, nicht die Probleme. Hier im Zelt der Begegnung geht es nicht um Probleme und Mühsal. Hier haben die gar keinen Zutritt. Wenn ihr euch vor der Begegnung mit mir im Vorzelt umzieht, dann gilt es nicht nur, die äußeren Kleider abzulegen, sondern die Sorgen und Lasten, Anliegen und Beschäftigungen des Alltags. DANN seid ihr frei, zu mir zu kommen und mich zu sehen und zu hören und nicht nur eure Probleme. Über die Schwelle des Tempels kommt kein Problem, sondern nur ein Mensch – so wie er ist – jenseits von Mühsal und Lasten.

Auch wenn ihr dazu neigt, euch sehr mit den Lasten und der Mühsal zu identifizieren, sind nicht sie es, die euer Leben bestimmen und definieren sollen, sondern die Begegnung mit mir. Die Mühsal eines jeden Tages vergeht, ich aber bleibe. Wer die Ewigkeit findet in der Herzensbegegnung mit mir, der geht anders durch den Alltag und gibt seinen Lasten keine so große Bedeutung mehr wie zuvor. Das alleine ist schon sehr viel Rettung und Heilung.

---

[3] Vgl. Markus 12,28-30.
[4] Vgl. Matthäus 6,6.
[5] Vgl. Matthäus 11,28.

Es gibt Leute, die vor lauter Alltagsproblemen und Arbeit die Beziehung zu mir ganz verlieren. Sie kommen nicht mehr in das Zelt der Begegnung. Dann stirbt die Beziehung, und die Arbeit und Probleme des Alltags nehmen die Stelle der Beziehung ein. Das ist ein großes Unglück und eine Verachtung der Liebe. Wer die Liebe der Arbeit opfert, der ist ein Tor. Die Welt ist voller Torheit.“

Ich weiß, dies sind die wichtigen Lektionen, die ein wahrer Hirte lernen und persönlich erproben muss, um Menschen gemäß dem Weg der Wahrheit und Liebe zu begleiten. Ich frage mich, was das, was auf den Universitäten gelehrt wird und die Pastoren zum Gemeindedienst lizenziert, eigentlich bringen soll. Sprachen, Geschichte, Rhetorik, Auslegung …, alles schön und gut, aber ich meine, man sollte die Anwärter besser in die Wüste schicken, bis sie eine Begegnung mit Gott und mit sich selbst haben, die sie verwandelt. Dann haben sie wirklich etwas mitzuteilen. Ein Studium kann ja niemanden verwandeln, genauso wenig wie eine gut ausgearbeitete Predigt. Nur Verwandelte können den Weg der Verwandlung zeigen, über die Geheimnisse der Begegnung mit Gott predigen und Leute auf diesen Weg des Geistes mitnehmen. Warum sollten Menschen auf jemanden als geistlichen Führer hören, der selbst den Weg der Verwandlung im Angesicht Gottes nicht gegangen ist? Darum, weil er Kirchengeschichte und Altgriechisch studiert hat?

Andersherum ist es aber auch sinnlos, Leute diesen Weg führen zu wollen, die gar nicht dazu bereit sind. Und es gibt ja viele, die nicht einmal auf die Idee kommen, aufzubrechen aus der Tradition und Gewohnheit. Für sie besteht der Weg der „wahren Kirche“ in der Bewahrung der Überlieferung und nicht in der Begegnung mit Jesus. Einen Text wie dieses Buch würden sie weder verstehen noch billigen. Er würde sie nur verwirren. Alle Gedanken würden sich darum drehen, wie ich behaupten könne, etwas von Jesus direkt zu hören oder gar, ihn zu sehen. Obwohl es im Christentum doch *genau darum* geht. Nein, sie haben nicht die Absicht, sich vom Heiligen Geist in das Bild Jesu verwandeln zu lassen, sondern ganz genau umgekehrt, verwandeln sie im Geist *ihrer* Theologie Jesus in *ihr* Bild und fügen ihn in *ihre* Welt ein, wie *sie* sich das vorstellen. Auf die Idee, ihn selbst zu fragen, was *er* sich vorstellt, kommen sie nicht, weil sie sowieso nicht mit einer Antwort rechnen. Und wenn einige ihn doch ernsthaft fragen, kommen sie in Konflikt mit dem herrschenden religiösen System, welches vorgibt, was und wie zu glauben ist.

Wir stehen an einem Scheidepunkt der Geschichte. Die verfasste Kirche verliert an Bedeutung und kann mit allem Aufwand keine Begegnung mit Gott vermitteln, weil sie selbst nicht aus der Begegnung mit ihm lebt, sondern aus Tradition und Kirchenpolitik. Das kann einfach nicht funktionieren. Auch das ist Torheit.

Still bete ich: „O Jesus, wie wird es sein, wenn das ‚Zelt der Begegnung' sich auf die ganze Welt ausdehnen wird? Dann ist ja der Himmel auf die Erde gekommen und alle Trennung hebt sich auf. Dann erfüllen sich Glaube, Hoffnung und Liebe. Dann ist die Welt ein Ort des Segens."

„Ja", sagt Jesus, „ich verwandle die Welt in einen Ort des Segens. Da mir die Menschen jetzt wenig Raum geben und der Glaube, die Hoffnung und die Liebe nicht besonders hoch im Kurs stehen, finden mich Menschen nur hier draußen in der Wüste und im Verborgenen, wo ich auf sie warte und wohin ich sie rufe. Viele haben meinen Ruf gehört, aber wenige reagieren darauf. Sie haben keine Zeit für Glauben, Hoffnung und Liebe. Sie stehen auf dem Kopf. Das Wichtige ist ihnen zu unwichtig und das Unwichtige zu wichtig.

Viele sind auserwählt, aber wenige folgen dem Ruf. Du hast dir einmal einen Spruch aufgeschrieben: ‚Du musst die Stadt verlassen, in der du dich gemütlich eingerichtet hast und die Wildnis deiner Intuition aufsuchen. Dort wirst du etwas Wunderbares entdecken – dich selbst.' Aber vor der tieferen Selbsterkenntnis steht die Erkenntnis von mir. Dort draußen in der Wüste und im Verborgenen warte ich in vollkommenem Glauben, vollkommener Hoffnung und vollkommener Liebe auf euch. Und im Zelt der Begegnung werde ich euch die Wahrheit über euch und über mich mitteilen. Und ich bin es, dessen Gnade einem Menschen die Furcht und Scham nimmt, sodass er sich in meinen Augen tiefer erkennen kann, wie und wer er wirklich ist. Nur sich selbst betrachten, um sich selbst zu erkennen, das reicht nicht aus. Wer mich als Spiegel benutzt, der sieht viel mehr von sich und überhaupt von allem, als er es mit reiner Selbstbetrachtung und Selbstreflexion je erreichen könnte.

In der Welt suchen sich viele Beter einen Lehrer oder Meister, der ihnen hilft. Ich bin der Meister der Meister, das Ende der Erkenntnis und der Anfang der Weisheit. Wenn einer sich ohne Vorbehalt auf einen Meister einlässt, dann ist er ein Jünger. Lasst euch auf mich ein ohne Vorbehalt, dann bin ich wahrhaft euer Meister und ihr werdet nicht enttäuscht werden. Viele Menschen sind Sucher, wenige Jünger. Sie lassen sich nicht auf den Weg ein. Sie gehen ihn mit Vorbehalten und einem Sicherheitsnetz unter ihren Füßen. Aber so funktioniert es nicht. Es funktioniert nur in Glaube, Hoffnung und Liebe. Die wahrhaft Glaubenden, Hoffenden und Liebenden lassen sich ohne Wenn und Aber auf den Weg der Einswerdung ein. Ich bin der Weg."

Von der Gegenwart Jesu fließen Glaube, Hoffnung und Liebe wie lebensspendende Wellen zu mir. In seiner Gegenwart bekommen die Dinge ihren richtigen Platz und finden ihr rechtes Maß.

Wie überfordert ist doch ein Mensch mit sich selbst und dem Leben, wenn er Jesus nicht hat!, denke ich. Und wie geduldig und hartnäckig muss ein wahrer Hirte auf die Wüste und Verborgenheit hinweisen, wo Jesus zu finden ist. Er muss die Suchenden ermutigen, Jünger zu werden, sich mit Haut und Haar auf den Weg der Begegnung einzulassen. Einen Glauben, eine Hoffnung und eine Liebe ohne Risiko und Geheimnis, das gibt es nicht. Ein Glaube, der einen Menschen nicht verwandelt, ist kein wahrer Glaube, sondern ein Imitat. Eine Hoffnung, die einen Menschen nicht transformiert, ist keine wahre Hoffnung, sondern Wunschdenken. Eine Liebe, die einen Menschen nicht verändert, ist keine wahre Liebe, sondern nur Kompromiss und Nettigkeit.

„Die Wahrheit wird mich töten, nicht wahr?", sage ich zu Jesus, dessen Augen mich unwiderstehlich in sich hineinziehen.

„Das gelogene Du wird sterben und das wahre Du auferstehen", sagt er.

„Ohne zu sterben kann ich also nicht leben?", frage ich weiter, obwohl ich die Antwort darauf eigentlich schon weiß.

„Du sagst es. Fürchte dich nicht vor dem Tod. Ich bin ja da und trage dich hindurch. Darum nennt man mich den Erlöser. Ich bin die Auferstehung und das Leben. Ich bin den Weg bereits gegangen und dadurch für dich der Weg geworden. Wer in mich hineinstirbt, der wird auch auferstehen und aus mir leben. Bist du dazu bereit?"

Jesus lächelt mich an, und ich weiß, die Erlösung ist ein Prozess, den ich in der Kraft dieses Lächelns durchschreiten kann bzw. wo ich mich von ihm durchtragen lassen kann. Ich muss dabei an einen Schmetterling denken, der aus der Puppe schlüpft. Der Tod der Raupe ist die Voraussetzung für die Geburt des Schmetterlings.

„Ja, ich bin bereit", antworte ich Jesus.

Da nehmen seine Augen mich ganz in sich auf. Ich gehe wie durch sie hindurch in Jesus hinein und bin eins mit dem Herrn. Hier ist jede Trennung vorüber. Hier ist er alles und ich alles in ihm. Worte können das nicht beschreiben, denn es ist jenseits dessen, was wir uns auf Erden vorstellen können. Es ist eine über bloße Worte hinausgehende Wahrnehmung von Einheit, Einklang, Übereinstimmung und darin ... Frieden. Jesus ist der „Friedefürst".[6] Er ist die „Versöhnung"[7] – und wenn wir in ihm sind, dann sind wir das auch – mit ihm zusammen. Wir sind dann „in seinem Namen" und handeln in „einem Geist" mit ihm. All diese Begriffe kann man rein theoretisch und theologisch kennen, aber sie müssen erlebt, empfunden und gefühlt werden, sonst sind es nur Worte ohne Substanz.

---

[6] Vgl. Jesaja 9,5.
[7] Vgl. 1. Johannes 2,2.

Kapitel 7

Substanz

Das da von Anfang war, das wir gehört haben, das wir gesehen haben mit unseren Augen, das wir beschaut und unsere Hände betastet haben vom Wort des Lebens ... was wir gesehen und gehört haben, das verkündigen wir euch ... (1. Johannes 1,1-3).

Die Erfahrung im Zelt der Begegnung hat mich vieles gelehrt über die Wirklichkeit der Beziehung und Einheit mit Jesus. Und schon möchte ich es meinen Freunden erzählen, aber ich weiß, dass es nicht reicht, nur Worte im Sinne von Neuigkeiten weiterzugeben. Es geht um die Weitergabe einer erlebten Wirklichkeit, und es braucht dazu das, was das alte Wort „Zeugnis" beinhaltet. Man kann etwas berichten, aber man kann auch etwas bezeugen. Als ein wahrer Zeuge steht man mit seiner ganzen Person für die erlebte Erfahrung eines Ereignisses ein. Man ist bei einer Sache dabei gewesen, man hat sie gesehen, gehört, berührt und mit allen Sinnen aufgenommen. Man riecht noch den Geruch und spürt noch die Atmosphäre des Erlebten. So wird der Zeuge selbst zu einem Beweisstück, zu einem Siegel darauf, dass etwas wahr ist.

Ein wahrer Hirte ist solch ein Zeuge. Er hat den Herrn gesehen, er kann nicht schweigen, er ist ein Augenzeuge. An ihm finden sich Zeichen der Verwandlung wieder. Jesus hat immer wieder darauf hingewiesen, dass wir seine Zeugen sein werden und dass seine Gegenwart an uns sichtbar demonstriert werden wird, ja, dass es gar nicht anders sein kann, als dass der Himmel sich an uns beweist, weil wir in eine Vereinigung mit Jesus getreten sind, die der Himmel nur freudig bestätigen kann mit Zeichen und Wundern.

Mir ist klar, dass viele Menschen und leider auch Kirchen, die sich als „aufgeklärt und fortschrittlich" betrachten, Zeichen und Wunder als Unsinn ablehnen und dass andere sie aus falschen Motiven suchen, aber es bleibt dabei: Wer den Weg der Gnade geht und in die Wahrheit und Liebe Jesu eintaucht, wer im Geist den Tempel des Himmels betritt und das Zelt der Begegnung zu seinem Zuhause macht, der kommt an Zeichen und Wundern nicht vorbei. Sie erweisen sich wie von alleine, ohne irgendwelche religiösen Anstrengungen, Tricks oder Absichten. Wird das Leben nicht mehr unter der Herrschaft der Gesetze der gefallenen Welt gelebt, sondern in dem Namen Jesu, dann leuchtet ein solches Leben wie eine Lampe in der Nacht und Menschen werden davon angezogen, weil es den Traum ihres Herzens abbildet.

„Ein Leben in Gott ist schon für sich selbst ein Wunder, und wenn man das Wunderbare daraus herausnehmen wollte, wäre es kein Leben in Gott mehr", sagt der Engel an meiner Seite. Dabei hält er mir noch einmal den Hirtenstab vor die Augen, auf dem steht: „Weide meine Lämmer!"

Wir befinden uns wieder in der Herde, die die ausgetretenen Pfade der Tradition und frommen Selbstinszenierung verlassen hat und auf dem Weg ist in eine immer tiefere Begegnung mit Gott und in das gelobte Land, wo Milch und Honig fließen. Die Engel singen und tanzen um die wandernde Gruppe her und die Adler ziehen hoch über ihr ihre Kreise. Wir befinden uns in der Wüste und finden auf dem Wege immer neue Menschen, die sowohl vom Geist als auch von ihrer eigenen Verzweiflung über die Substanzlosigkeit ihres Lebens in die Wüste getrieben wurden. Die Herde hat inzwischen gelernt, solche Verwundeten und Verdurstenden aufzunehmen, sie zu pflegen und vor Gott zu bringen, der sie mit Gnade überschüttet, den glimmenden Docht des Glaubens, der Hoffnung und der Liebe in ihnen neu entfacht und Öl in ihre Lampe füllt. Wie schnell die meisten von ihnen wieder auf die Beine kommen, ist auch wie ein Wunder.

Kaum allerdings, dass sich einige von ihnen wieder besser fühlen, wollen sie auch schon den Weg zurück in ihre Welt laufen, um ihren Freunden ein Zeugnis zu geben, aber sie überschätzen sich und es braucht einiges an Überredungskunst, sie bei der Herde zu halten, sodass sie in ihrem neu gewonnenen Leben erst einmal eine gewisse Festigkeit erlangen, ehe sie sich einer Welt stellen, die nicht nur begeistert auf sie reagieren, sondern sie vor den Kopf stoßen wird. Ohne die Vertrautheit mit Gott, die ihre Zeit braucht, um zu wachsen und Wurzeln zu schlagen, ohne eine Ruhe, die in den Armen Jesu gefunden wird, und ohne jene Transformation, die dort im Anschauen seines Angesichts geschieht, werden sie der Welt nicht gewachsen sein.

„Es gibt aber doch ganze Denominationen, die das Wunder geradezu ‚wegtheologisiert' haben und nicht im Traum damit rechnen", gebe ich dem Engel zu bedenken, der diesen Gedanken sogleich aufgreift und fortführt:

„Weswegen sie es auch nicht erleben. Wenn sie es dann nicht erleben, erfüllt sich ihre erwartungslose Theologie und sie sehen sie als bestätigt an.

Wahre Geistlichkeit übertritt immer die Grenze des Möglichen.

Wahrer Glaube überwindet immer das Fassbare und geht im Vertrauen mutig in das Unbekannte.

Wahre Hoffnung sieht über den engen Horizont des Gehabten und Gewohnten hinaus und hat Utopien einer verwandelten Welt und Zukunft.

Und wahre Liebe kommt sowieso nicht ohne dramatische Zeichen und Wunder aus, weil sie sich gegen einen Goliath erheben und ein Schiff für die Flut bauen wird.

Wer in der Dynamik dieser Kräfte lebt, die sich aus der Begegnung mit Gott selbst speisen, und gelernt hat, ihr Feuer brennen zu lassen, der wird Wunder des Glaubens, der Hoffnung und Liebe erleben. Das ist ganz unvermeidlich. Darum gewöhne dich an den Gedanken, dass Wunder für den wahren Hirten und die Schafe des Herrn ganz ‚normal' sind. Sie könnten doch unmöglich den Weg gehen, den sie gehen, ohne himmlischen Beistand, göttliche Führung, Bewahrung und Versorgung. Sie sind nicht mehr unter der Kontrolle der Welt; ihr Leben ist für ihr System gänzlich unerklärlich und widersprüchlich. Da sie nicht mehr in der Dynamik von Furcht und Scham leben und kein falsches Ich mehr inszenieren, sind sie wie Vertreter einer anderen Welt und den Menschen ein übernatürliches Zeichen des Glaubens, der Hoffnung und der Liebe inmitten der Vergänglichkeit.

Solche geistgetriebenen Menschen sind einerseits kindlich und naiv, andererseits haben sie eine erstaunliche Einsicht und Weisheit, die aus dem ununterbrochenen Gespräch mit Jesus herrührt. Diese Menschen sind immer in Bewegung, ohne dabei aber unzufrieden und von Stress getrieben zu sein. Je weiter sie auf ihrer Reise kommen, desto mehr erkennen sie, dass sie erst am Anfang stehen. Hüte dich und die, die sich von dir hüten lassen, vor denen, die meinen, sie seien schon angekommen und ihre Reise beendet. Hüte dich vor denen, die sich für fertig halten und für weise. Die auf sich und nicht auf Jesus zeigen.

Wahre Menschen nehmen sich selbst nicht wichtig, obwohl sie die wichtigsten Menschen sind, die die Erde hat, da sie Glauben, Hoffnung und Liebe verkörpern. Sie wissen nicht nur etwas darüber, sie *sind* es.

Wahrheit hat Substanz. Sie ist nicht nur Gedankenspielerei, sondern ein Raum, der betreten werden kann, eine Person, der begegnet und die berührt werden kann. Sie ist ein Brot, das gegessen, und ein Wasser, das getrunken werden kann.

Je mehr himmlische Substanz in die Welt gebracht wird, desto mehr Wunder werden ihr zuteil, und Wunder kann sie brauchen! Wunder, die das Joch der Glaubenslosigkeit, Hoffnungslosigkeit und Lieblosigkeit zerbrechen und Menschen aus der Selbstinszenierung befreien, um zur Besinnung zu kommen und ihr wirkliches Selbst zu finden, welches mit Glaubenslosigkeit, Hoffnungslosigkeit und Lieblosigkeit unvereinbar ist. Jeder Mensch auf Erden ist geschaffen für Herrlichkeit, Größe und Strahlen. Darum braucht es einen Weckruf, ein Zeugnis, das Substanz hat und vom Himmel bestätigt wird mit Zeichen und Wundern, die jemanden als ‚guten Hirten' oder wahren Zeugen erweisen."

Wir haben in der Wüste auch verletzte und verzweifelte Hirten gefunden, die am religiösen System und seiner menschenverachtenden Theologie gescheitert sind. Für sie ist es besonders schwer, da sie die ganzen Begriffe kennen, aber eben nur in der Deutung des Systems und nicht aus dem Dialog mit Jesus. Sie waren nie auf die Idee gekommen, Jesus selbst nach den Inhalten der heiligen Schriften und ihrer von ihm gemeinten Bedeutung zu fragen und dementsprechend eine Theologie der Beziehung zu entwickeln. Viele Theologen sind keine „wahren Hirten" und haben nur Theorien im Kopf, aber keine praktische Erfahrung, was Offenbarung von Gott und Begegnung mit ihm angeht. Sie führen eine Gemeinde in praktizierter Gottlosigkeit, denn Gott hat nicht mitzureden. Er ist nichts weiter als eine Art Gallionsfigur.

Immer wieder frage ich mich, warum Gott nur so ausgeschlossen oder auf pure Irrelevanz reduziert wird. Was haben Menschen davon? Was nutzt ihnen ein passiver Gott, der zwar angebetet werden will, sich aber nie zeigt und nie wirklich eingreift? Ich denke, das klerikale System hat Angst vor seiner Selbstauflösung, sollte es wirklich einen *lebendigen* Gott geben, der will, was er will und nicht, was das System will! Darum hat sie kein Zeugnis mehr.

Die Vorstellung, dass Jesus heute ganz real in einen traditionellen Gottesdienst käme, sich hinten in eine Bank setzen und sich die Zeremonie ansehen würde und dann aufstehen, Beifall klatschen und sagen würde: „Gut so, Kinder! Genau so hab ich es mir vorgestellt", ist absurd.

„Eure Worte gleichen leeren Hülsen, sie haben keine Substanz!", ruft der Engel aus. „Ihnen fehlt das Gewicht der Erfahrung, die Kraft des Zeugnisses und die Ausstrahlung des Geheimnisses. Eure Gottesdienste sind kein Ereignis mehr, keine Begegnung und Offenbarung, die Menschen verwandelt. Obwohl sie keinen Sinn machen, werden sie in der gleichen Form immer weiter abgehalten. Obwohl sich Gott nicht ereignet, werden sie unbeirrt weiter betrieben. Obwohl sie keine Kraft geben, sondern Kraft kosten, werden sie nicht hinterfragt ..."

Ich spüre genau, dass er noch fortfahren will, sich aber zurückhält, weil seine Worte sowohl heftige Empörung als auch tiefe Trauer darüber ausdrücken, was es in der „geistlichen Szene" für Obskuritäten gibt.

„Ich weiß, was du sagen willst", meine ich zu dem Engel. „Du willst sagen, dass unsere Gottesdienste gar keine Gottesdienste sind, nicht wahr?"

Der Engel schaut mich einen Moment lang schweigend an und bejaht meine Worte schließlich mit einem traurigen Nicken. „Eure selbst inszenierten und von der Maschine inspirierten Gottesdienste sind ein Fluch, eine Last und ein Entsetzen. Noch immer verbirgt sich die Anmaßung in frommen Gewändern und sakralen Bauten sowie in Liturgien, die Gott nie in den Sinn gekommen sind und die den Himmel mit Bestürzung erfüllen, so abwegig sind sie. Wolltet ihr nur einmal zusammenkommen und *nichts* veranstalten, sondern nur in dem Verlangen nach Gott selbst schweigen und gar nichts tun – das wäre ein ausgezeichneter Gottesdienst. Gott kann ein volles Gefäß nicht füllen, sondern nur ein leeres. Also schüttet einmal eure ganze Agende weg und haltet Gott eure Leere hin, dann wird es ein neuer Anfang sein, Gott selbst zu empfangen."

Mir leuchtet völlig ein, was der Engel sagt, und tatsächlich gibt es ja auch so etwas wie Schweige-Gottesdienste, aber im Allgemeinen nicht. Da gibt es die sich immer in etwa gleich wiederholende Veranstaltung gemäß einer „Gottesdienstordnung", die sich wer weiß wer ausgedacht hat, aber jedenfalls nicht Jesus; die von vorne bis hinten durchgeplant ist und die Versammlung durch einen genau bestimmten Ablauf schleust, in dem möglichst alle Elemente vorkommen, die nach Meinung der entsprechenden Konfession dort vorzukommen haben, um die Sache „heilig" zu machen. Das nennt sich „Liturgie". Der Professionelle sorgt noch für das „rechte Wort" und führt die ihm vorbehaltenen Kasualien und Weihehandlungen durch – und fertig ist die Messe. Dass es „richtig" ist, ist das Wichtigste, und Gott scheint auf nichts mehr aus zu sein als auf Richtigkeit. Ist diese geregelt, dann bekommt man als Teilnehmer, oder besser gesagt Zuschauer der „Andacht", hoffentlich Gottes Segen erteilt und alles ist in Butter. Dass Gott womöglich an alledem gar kein Interesse hat, sondern allein unser Herz sucht, welches ihn sucht, wem kommt das in so einer Veranstaltung in den Sinn?

„Viele Menschen verlassen zur Zeit die Kirchen und gehen lieber einen anderen Weg, sich selbst, dem Leben und Gott näherzukommen. Sie gehen heute eher zu Psychologen und Yogalehrern als zu Priestern, um der Wahrheit auf die Spur zu kommen. Ihr ‚Gesangbuch‘ sind esoterische Schriften aller Couleur und ihre Gemeinde die Suchenden und Aufgeschlossenen. Kirche erleben sie nicht als aufgeschlossen, sondern als abgeschlossen – voller Furcht und Zwang, Kleinlichkeit und Feindbildern. Wer den Weg des Glaubens, der Hoffnung und Liebe *wirklich* gehen will mit Konsequenz, muss heute sehr viele Kirchen meiden, um die Fährte nicht zu verlieren. Vieles, was sich Kirche nennt, baut kein Zelt der Begegnung in der Wüste um Jesus herum, sondern folgt Vorstellungen von Gott, die keinerlei Substanz haben, oder hält einfach ein Publikum durch gut gemachte Darbietungen bei Laune. Es ist ein Trauerspiel."

Der Engel hebt zu einem Gesang an, zu einer Ode, um seinem Herzen Luft zu machen:

Wie wartet der Himmel auf die Kinder,
den Blick Auge in Auge ohne Distanz und Furcht.
Wie wartet der Himmel auf ein erwachendes Herz
mit Glauben, Hoffnung und Liebe.
Wie wartet er auf die wahren Fragen:
Wer bist du?
Wer bin ich?
Wer sind wir?
Um sie mit allen Mitteln zu beantworten
voller Gnade und Wahrheit,
mit Zeichen und Wundern.
Wie wartet der Himmel auf eine Reaktion auf seinen Ruf,
nach Hause zu kommen und Frieden zu finden
in den Armen Jesu im Zelt der Begegnung.
Wie wartet er auf das Erwachen der Schlafenden
und die Auferstehung der Toten,
auf die Verwandlung der Verlorenen in Gefundene,
der Verzweifelten in Glückselige

und der Verirrten in Geborgene.
Wie wartet der Himmel auf die Freude der Vereinigung,
das große Hochzeitsfest,
wenn der Bräutigam und die Braut
aus ihrer Kammer heraustreten
und ihre Liebe bekennen.
Wie wartet er auf den Tanz und die Ausgelassenheit,
welche das alte Wesen der Furcht und Scham
unter ihren Füßen zertreten zu Staub.
Halleluja!

Epilog

Was soll ich noch sagen,
nachdem Gott zu mir gesprochen
und an mir gehandelt hat?
Ich will ihn loben alle meine Jahre
trotz der Betrübnis meiner Seele.
O Herr, ich will dich loben
wegen derer, die leben,
und für alles, worin mein Geist lebt.
Du machst mich gesund und erhältst mich am Leben.
Siehe zum Heil wurde mir bitteres Leid:
Du hast liebevoll meine Seele
von der Grube der Vernichtung zurückgehalten
und alle meine Sünden
hast du hinter deinen Rücken geworfen
(Jesaja 38,15-17).

„Eine himmlische Vision", so heißt der Untertitel dieses Buches. Er weist darauf hin, dass die hier geschilderten Erlebnisse einer Eingebung entspringen und nicht einer theologischen Betrachtung des Dienstes in der Gemeinde, worüber es ja bereits zahlreiche Publikationen gibt. Die von mir in diesem Text beschriebenen Erfahrungen sind der gottgewirkte Traum eines Dienstes aus dem Herzen und aus einer intimen Beziehung mit Jesus heraus.

Sie sind nichts Fertiges und Endgültiges, sondern stellen Stationen auf dem Weg zu mehr Gesundheit und Reife im geistlichen Dienst dar – Stationen meiner ganz persönlichen Reise in der

Auseinandersetzung mit geistlichen Fragen nach dem Dienst eines „wahren Hirten".

Vielleicht wird der eine oder andere Leser mit mir hinsichtlich der konfliktreichen Erfahrungen mit dem „System" nicht übereinstimmen und meine pessimistische Sicht übertrieben, ja anmaßend finden. Die Auseinandersetzungen mit Fragen nach der Gemeindeleitung oder der Mangel an praktischen Tipps dazu mag die Erwartungen anderer enttäuscht haben und vielleicht fragen sich einige Leser, was der Sinn und Zweck dieses Buches überhaupt sein soll.

Nun, dieses Buch gibt keine fertigen Antworten und verfolgt nicht das Ziel, alles besser zu wissen und richtiger zu machen als die anderen. Es hat dem Leser Anteil an einem *Prozess* gegeben, der keineswegs beendet ist, sondern dazu auffordert, die eigenen Lebensprozesse anzuschauen und vielleicht besser zu verstehen, aber sie auf jeden Fall mit Jesus zu besprechen.

Es mischen sich verschiedene Stränge: einerseits die Auseinandersetzung mit der gemachten Erfahrung von Kirche, andererseits die Geschichte persönlicher Veränderung und Transformation, die aber mit eben dieser konfliktbeladenen Gemeindeerfahrung aufs Engste verknüpft ist. „Wir reifen an dem, woran wir leiden", hat jemand gesagt.

Die Geschichte endet mit dem Lied der Sehnsucht des Himmels nach uns, und die Frage ist, wie es denn nun weitergeht und wie „man" denn „richtig" auf diesen himmlischen Ruf zu reagieren hat. Ich habe mich das natürlich auch gefragt und stellte fest, dass *Sehnsucht* ein mächtiger und zentraler Schlüssel zu der Nähe und Begegnung ist, zu der Jesus uns einlädt. Die „richtige" Reaktion auf das Lied des Himmels ist meiner Meinung nach, dass wir es die Sehnsucht, die auch wir längst und schon immer im Herzen tragen, aufwecken und anfachen lassen, bis wir mit unserem eigenen Lied dem Himmel antworten. Wie so vieles, was in diesem Buch beschrieben ist, entzieht sich auch diese *Resonanz* der technischen Veranstaltbarkeit und ist eine Herzensangelegenheit, die ein Geheimnis ist. Wenn dieses Buch das Verlangen des Herzens einiger Leser nach diesem Geheimnis und einer tief gehenden Begegnung mit Jesus angerührt hat, dann hat es seinen Zweck erfüllt. Wenn es die Reflexion des eigenen Weges und Erlebens der persönlichen Jüngerschaft angeregt hat, dann ist das wunderbar. Und wenn es schlussendlich den ein oder anderen (Unter)Hirten in seiner Verletztheit und Suche nach Heilung verstanden und unterstützt hat, dann bin ich froh und glücklich.

Meine Resonanz auf das Lied des Engels klingt so:

Wie sehne ich mich nach dir, mein Gott!
Nach der seligen Umarmung und Tröstung,
die der Vater seinem Kind angedeihen lässt.
Das ist Heilung für meine Seele.
Wenn ich stöhne und ächze
unter meinen Lasten und dem sinnlosen Versuch,
mich selbst zu tragen und zu bewältigen,
dann hebe mich auf mit ewigen Armen
und flüstere beruhigende Worte in mein Ohr.
Mein Herz, es sucht nach dir und wartet auf dich,
denn es ist gemacht von dir und geschaffen für den Himmel,
ich muss der Erdenmühsal entrinnen und
dich finden in deinem Versteck in der Wüste.
Im Zelt der Begegnung liege ich am Boden
und meine Augen folgen den kunstvollen Mustern der Stoffe,
die mich von allen Seiten umgeben.
Wie ein Kind vergesse ich die Zeit und fühle nur,
dass ich zu Hause bin.

Ich liege auf dem Gewand, das den Tempel füllt – *ein* Gewand für alle – und höre den Gesang der Engel, rieche das Räucherwerk des Anbetungsaltars, spüre die Erschütterung und Verwandlung der Worte meines Gottes, der auf dem erhabenen Thron sitzt. Ich vergesse an diesem Ort, dass mein Sein getrennt sein könnte von dem seinen und nehme Teil an der Glückseligkeit, die alle und alles an diesem Ort durchflutet wie ein frischer Frühlingswind.

Halleluja.

ANMERKUNGEN

Im Folgenden möchte ich zu jedem Kapitel einige Bemerkungen und Zitate anfügen.

Heilung des verwundeten Hirten

Mike Yaconelli stellt mit seinem unnachahmlichen Spürsinn für das Wesentliche in einem Artikel mit dem Titel „Wer schützt die Gemeinde vor sich selbst?" fest: „Offensichtlich ist es nicht mehr länger wesentlich, ob ein Pastor Jesus liebt. Wichtig ist sein Können, sein Leiterschafts-Potenzial, Organisationstalent, Beziehungsfähigkeit, seine rhetorischen Qualitäten usw. usw."

Er stellt die Frage, „was passieren würde, wenn die einzige Qualifikation für den geistlichen Dienst die Liebe zu Jesus, Leidenschaft für Gott und Sehnsucht nach vertrauter Nähe mit unserem Herrn wäre".

Gegen Ende seines Artikels stellt er ernüchtert fest: „Wir wollen heute keine Pastoren, wir wollen Geschäftsführer. Wir wollen keine Propheten, sondern Politiker. Wir wollen nicht Frömmigkeit, sondern Erfahrung. Wir wollen nicht Spiritualität, sondern Effektivität. Nicht Bescheidenheit, sondern Charisma. Nicht geistliche Autorität, sondern Beziehungsfähigkeit. Als Ergebnis haben wir Tausende von Gemeinden im Land, deren Pastoren sehr qualifiziert darin sind, das zu tun, worum die Gemeinden sie gebeten und wonach sie gefragt haben. Das Einzige, wonach die Gemeinden nicht fragten und worum Pastoren nicht gebeten wurden, ist, Jesus zu lieben ... Es spielt einfach keine große Rolle."[1]

---

[1] Aus der christlichen Zeitschrift „Aufatmen" Nr. 1/96, S. 24/25.

Die Schafe des Herrn

Die Blindheit und Gleichgültigkeit mancher „Schafe" ist ein Problem, mit welchem alle geistlichen Leiter zu kämpfen haben. Sie wollen sich gar nicht an Gott hängen, sondern hängen sich viel lieber an eine Leiterfigur, die sie dann idealisieren und auf die sie ihre Bedürfnisse projizieren können, frei nach dem Motto: Lieber den Pastor, den ich sehe, als Gott, den ich nicht sehe. Rick Joyner schreibt dazu in einem sehr interessanten Artikel mit dem Titel „Die sieben Prüfungen des Gerechten":

Und das ganze Volk nahm den Donner wahr, die Flammen, den Hörnerschall und den rauchenden Berg. Als nun das Volk das wahrnahm, zitterten sie, blieben von ferne stehen und sagten zu Mose: Rede du mit uns, dann wollen wir hören! Aber Gott soll nicht mit uns reden, damit wir nicht sterben. Da sagte Mose zum Volk: Fürchtet euch nicht! Denn nur um euch zu prüfen, ist Gott gekommen, und damit die Furcht vor ihm euch vor Augen sei, damit ihr nicht sündigt. So blieb denn das Volk von ferne stehen. Mose aber näherte sich dem Dunkel, wo Gott war (2. Mose 20,18-21).

Hier werden wir geprüft, ob wir uns *selber* dem Herrn nähern oder auf Distanz zu ihm bleiben und *andere* für uns vermitteln lassen.

Ist es nicht so, dass die meisten Christen auf Abstand bleiben und geistliche Profis anheuern, um für sie von Gott zu hören? Dies führte für Israel mit der Zeit zu gravierenden Problemen, und auch für die Kirche hat es zu den größten Schwierigkeiten geführt. Im Hohelied 1,7 sagt die Braut Salomos:

Erzähle mir, du, den meine Seele liebt, wo weidest du? Wo lässt du lagern am Mittag? Wozu denn sollte ich wie eine Verschleierte sein bei den Herden deiner Gefährten?

In der Braut sollte das Verlangen sein nach der größtmöglichen, persönlichen Beziehung zum Herrn. Wir sollen stets die Demut haben, von anderen über die Wege Gottes zu lernen, jedoch kann uns die Belehrung anderer nicht genügen, wenn uns seine wahre Herrlichkeit verborgen bleibt. Die Kirche ist nicht dazu gerufen, zuzuschauen, wenn die Hauptamtlichen den Dienst tun. Die Kirche ist kein großer Pferch für die Schafe, in den die Hirten ein, zweimal die Woche Futter kippen. Es ist zu einer grundlegenden Verdrehung darüber gekommen, was die Funktion des Leibes Christi ist, der wir gerufen sind, zu sein. Pastoren sind ein Teil des Dienstteams, das für die Ausrüstung der Gläubigen bereitgestellt wurde. Aber es sind die *Gläubigen*, die „das Werk des Dienstes" tun (Epheser 4,12). Eine der großen Wahrheiten der Reformation ist die Priesterschaft aller Gläubigen. Jedoch sind es viele, die diese Lehre zwar bejahen und predigen, aber wenige, die sie praktizieren.

Mit geringen Ausnahmen neigen sowohl die Protestanten, Evangelikalen, Pfingstler und Charismatiker als auch die kleineren Untergruppierungen zu der Praxis, einen Mann zu bestellen, der für sie auf den Berg gehen soll, um für sie von Gott zu hören, sodass sie nicht selber gehen und von ihm für sich hören müssen. Wählen wir diesen Weg, wird Gott ihn uns erlauben. Sowohl Israel als auch die Kirche haben einen hohen und tragischen Preis für das Nichtbestehen dieses Tests bezahlt. Es mag eine furchterregende Sache sein, die Stimme Gottes zu hören, aber die Konsequenzen daraus, ihn *nicht* für uns selber zu suchen, sollten uns noch mehr schrecken. In Johannes 10,4-5 wird uns über den Hirten gesagt:

Wenn er die eigenen Schafe alle herausgebracht hat, geht er vor ihnen her, und die Schafe folgen ihm, weil sie seine Stimme kennen. Einem Fremden aber werden sie nicht folgen, sondern werden vor ihm fliehen, weil sie die Stimme der Fremden nicht kennen.

Seine Schafe kennen seine Stimme und sie folgen ihm, weil sie seine Stimme kennen. Kennen wir seine Stimme nicht, folgen wir ihm auch nicht in unserem täglichen Leben und enden darin, „*Fremden*" zu folgen.[2]

---

[2] Rick Joyner, *The Seven Tests of the Righteous*, aus: „The Morning Star Journal", Vol. 10, No. 3, MorningStarPublications 2000; frei übersetzt aus dem Amerikanischen von Frank Krause. Der ganze Artikel kann von der Homepage des Autors (www.HisMan.de) heruntergeladen werden.

Das religiöse System

Über das „religiöse System" mit seinen subtilen Kontrollmechanismen und Machtansprüchen wurden sehr empfehlenswerte Untersuchungen von Frank Viola angestellt, die er in den Büchern „Reimagining Church" und (zusammen mit George Barna) „Pagan Christianity?" veröffentlicht hat.[3]

Der Bote

Im Matthäusevangelium, Kapitel 6,7 steht eine der großen Zusagen Jesu:

> *Bittet, so wird euch gegeben; sucht, so werdet ihr finden; klopft an, so wird euch aufgetan.*

Meine Erfahrung im geistlichen Dienst hat mir allerdings gezeigt, dass viele das nicht glauben und in einer resignierten Haltung oder Opfermentalität davon ausgehen, dass ihre Bitten vom Himmel ignoriert, ihre Suche enttäuscht und ihr Anklopfen überhört wird, weil sie es nicht wert sind, empfangen zu werden oder irgendwie falsch beten.

Andere gehen davon aus, dass sie Gott nicht mit ihren Anliegen „belästigen" dürfen, da er Wichtigeres zu tun hat.

Wieder andere haben so viel Angst vor der Antwort, die da kommen könnte, dass sie ihm erst gar nicht näherkommen wollen oder Gott die Tür nicht öffnen, wenn er *sie* aufsucht und bei *ihnen* anklopft … So hängen manche Menschen in dem inneren Widerspruch fest, einerseits sehnlichst ein persönliches Wort von Gott hören zu wollen, andererseits nichts mehr zu fürchten als eben das.

Auch habe ich festgestellt, dass viele Leute Antworten von Gott oft erstaunlich schnell vergessen, und dass es auch solche

---

[3] Diese beiden Bücher werden ca. Ende 2009 bei GloryWorld-Medien in Deutsch erscheinen. Eine ältere Version von „Pagan Christianity" ist bis dahin bei GloryWorld-Medien unter dem Titel „Der krumme Weg" erhältlich. Siehe auch Violas Homepage: www.ptmin.org

gibt, die sie sogleich verwerfen, wenn sie nicht in ihr Konzept oder ihre Theologie passen.

So gibt es viele Hindernisse und Filter, die es für Gott nicht gerade einfach machen, zu uns Menschen „durchzukommen".

In Matthäus 23 beklagt Jesus den Umstand, dass *„Jerusalem die Propheten, die zu ihr geschickt sind, tötet und diejenigen steinigt, die zu ihr gesandt sind"* (V. 37). Ein Bote des Herrn zu sein, ist zu allen Zeiten ein risikoreicher Job gewesen!

Wenn ihr nicht wie die Kinder werdet ...

Denn ihr habt (von Gott) nicht einen Geist der Knechtschaft empfangen, wieder zur Furcht, sondern einen Geist der Sohnschaft habt ihr empfangen, in dem wir rufen: Abba, Vater! (Römer 8,15).

In den letzten Jahren ist innerhalb der Christenheit eine ganze Bewegung entstanden, die neu die Notwendigkeit betont, Gott als Vater – als „Papa" – zu erfahren. Nur so kann man „Kind" sein. Dabei geht es bei dem Kindsein nicht darum, kindisch zu werden, sondern um echt sein, was man nur im Rahmen von sicherer Liebe wagen kann.

In seinem Buch „Kind in seinen Armen" zitiert Brennan Manning Thomas Merton mit folgenden Feststellungen: „Jeder Mensch wird von einer nur in der Illusion existierenden Person beschattet, einem falschen Ich. Das ist der Mann, der ich gerne sein möchte, den es aber nicht geben kann, weil Gott ihn nicht kennt. Und von Gott nicht gekannt zu sein, das ist wirklich etwas zu viel an Privatsphäre! Mein falsches und privates Ich ist jenes, welches außerhalb der Reichweite von Gottes Willen und Gottes Liebe existieren will – außerhalb der Wirklichkeit und außerhalb des Lebens. Ein solches Ich kann nur eine Illusion sein. Wir sind nicht besonders geschickt darin, Illusionen zu erkennen, am wenigsten solche, die wir über uns selbst hegen ... Für die meisten Menschen auf der Welt gibt es keine größere subjektive Wirklichkeit als dieses falsche Ich, das es nicht geben kann. Ein Leben, das sich ganz dem Kult um diesen Schatten hingibt, das ist es, was man ein Leben der Sünde nennt."[4]

In der Wüste

In der Frühzeit der Kirche gab es einen richtiggehenden „Trend", in die Wüste zu gehen. Die sogenannten Wüstenväter, deren Einsichten und weise Sprüche bis heute in zahlreichen spirituellen und therapeutischen Büchern zitiert werden, gingen in die Wüste und lebten dort in einfachsten Verhältnissen ein extrem asketisches Leben, um so ihrer eigenen und Gottes Wahrheit auf die Spur zu kommen. Sie sahen die Begegnung mit Jesus als „totales Ereignis an, als beständiges Gebet, als Lauschen auf den Willen Gottes, als Einübung in das Freiwerden von allem Egoismus, als Gestaltwerdenlassen einer Lebensform, von der man aus sich selbst keine Ahnung hat ..."[5]

Die Wüste, ihr Zelt und die Einfachheit waren ihnen die idealen Umstände dafür.

Substanz

Schmeckt und seht wie freundlich der Herr ist. Glücklich der Mensch, der sich bei ihm birgt! (Psalm 34,9).

Wir werden nicht glücklich durch theoretische Betrachtungen der Liebe Gottes, durch raffinierte Auslegungen der uralten Texte und beeindruckende Vorträge darüber, sondern durch ihre Erfahrung. Wir müssen Jesus „schmecken und sehen"; Glaube, Hoffnung und Liebe müssen von uns „angefasst" werden, und umgekehrt müssen sie uns anfassen. Und eben dafür brauchen wir das kindliche Vertrauen. Wenn das geistliche Leben nicht mehr von uns „gemacht" wird, sondern uns macht, dann sind wir auf dem richtigen Weg.

---

[4] Brennan Manning, Kind in seinen Armen, Brockhaus, Witten 2000, S.30.

[5] Bonifaz Miller, Weisung der Väter, Paulinus Verlag, Trier, 4. Auflage 2002, S. 7; aus dem Vorwort von Wilhelm Nyssen.

An diesem Punkt braucht es einen Paradigmenwechsel, da die allgemein anerkannte Vorstellung die ist, dass wir – mit dem typischen Pragmatismus und Erfolgsdruck unserer Kultur – „Kirche veranstalten". Das heißt, wir sind es, die das Gebet machen, nicht das Gebet uns; wir sind es, die eine Andacht halten, nicht die Andacht uns; wir sind es, die einen Gottesdienst leiten, nicht der Gottesdienst uns usw. Wir sehen so sehr uns selbst als die Handelnden im Zentrum unserer Geistlichkeit, dass wir Gott daneben gar nicht mehr wahrnehmen. Gott aber muss ins Zentrum gerückt werden und der Handelnde sein – dann verändert sich einfach alles.

Kontakt zum Autor:

Frank Krause
mail@hisman.de
www.hisman.de

Weitere Produkte von GloryWorld-Medien

„Kirche nach dem Herzen Gottes"

Wayne Jacobsen / Dave Coleman
Der Schrei der Wildgänse

Aufbrechen zu einem freien Leben in Christus jenseits von Religion und Tradition; 220 Seiten, Paperback

Wie können wir heute als Einzelne und in Gemeinschaft in der Freiheit leben, zu der uns Christus befreit hat? Wie können wir religiöse Zwänge entlarven, die uns diese Freiheit immer wieder rauben wollen?

Die Autoren beantworten diese Fragen mitten aus dem Leben. Sie zeigen auf, wie wir heute ganz praktisch mit Jesus leben und eine Freude und eine Freiheit erleben können, von der wir bisher bestenfalls träumen konnten.

Wayne Jacobsen, Geliebt!
Tag für Tag in der Zuneigung des himmlischen Vaters leben
240 S., Paperback

Das Buch, von dem Wayne Jacobsen sagt, dass er kein wichtigeres mehr schreiben werde.

Jeden Tag ein Leben zu führen, in dem wir völlig sicher sind, dass wir bedingungslos von Gott geliebt sind – ist das wirklich möglich, und wie sieht das konkret aus?

Wayne Jacobsen bringt uns Schritt für Schritt nahe, wie tief die Liebe Gottes zu uns tatsächlich ist. Wir entdecken dabei, dass wir nicht zu Sklaven, sondern zu Söhnen und Töchtern berufen sind. Die liebevolle Zuneigung unseres Vaters im Himmel gilt uns in allen Umständen. Wir erfahren eine lebendige Beziehung zu ihm, die uns von der Qual der Scham befreit und uns so verändert, dass wir wirklich als seine Kinder leben können.

Wayne Jacobsen & Clay Jacobsen
Authentische Beziehungen

Die verlorene Kunst des Miteinanders; 160 Seiten, Pb.

Die Liebe der ersten Christen war sprichwörtlich. Ihr Miteinander und ihre Ausstrahlung waren ihr größtes Zeugnis.

Heute sind echte und tiefe Beziehungen zu Einzelnen und in der Gemeinde rar geworden. Wir haben die Kunst, solche Beziehungen aufzubauen, verlernt oder sind nicht bereit, die entsprechenden Kosten auf uns zu nehmen. Dadurch ist unser Zeugnis nach außen schwach und viele in den Gemeinden leiden unter Einsamkeit und oberflächlichen Beziehungen.

Die Autoren erläutern, welches Modell für liebevolle, ermutigende und authentische Beziehungen wir im Neuen Testament finden, und zeigen anhand praktischer Beispiele, wie wir zu solchen Beziehungen kommen und sie pflegen können.

Larry Kreider
Authentisches geistliches Mentoring
Anderen helfen, im Glauben zu reifen
240 Seiten, Paperback

Es ist kein Geheimnis, dass es einen großen Bedarf an geistlichen Vätern und Müttern gibt, die Mentoren für jüngere Christen sein können, um diese für ihr Leben und ihre Berufung zuzurüsten. Der Autor stellt insbesondere das Mentoring-Modell Jesu vor und zeigt auf, wie wir dieses in unserer geistlichen Familie anwenden können. Ob Sie einen geistlichen Mentor suchen oder einer werden wollen – dieses Buch ist gleichermaßen für Sie geeignet!

Mike & Sue Dowgiewicz
Zeiten der Wiederherstellung
Fundamente für ein authentisches Christsein; Fundamente für die Endzeitgemeinde
320 Seiten, gebunden

Wie können wir die Vertrautheit und Vollmacht der ersten Christen zurückgewinnen?

Dieses Buch lädt zu einer Entdeckungsreise ein. Sie lernen die Charakteristiken des urgemeindlichen, noch hebräisch geprägten Lebensstils kennen, aber auch die Fehlentwicklungen der frühen Kirche. Im Wesentlichen bietet es jedoch eine Orientierung auf dem Weg zu geistlicher Erneuerung.

Greg Violi, **Das Herz des Lammes**
Jesus tiefer erkennen und ihn widerspiegeln
200 S., Paperback

Gott sehnt sich nach Menschen, in deren Herzen er wohnen kann. Er möchte, dass unser Herz sein Herz, das Herz des Lammes, widerspiegelt.

Durch den Sündenfall und die Folgen sind die Herzen der Menschen mit der Saat des stolzen Herzens Satans stark verunreinigt. Die Wiederherstellung des reinen, gottgefälligen Herzens ist deshalb die schwierigste aber auch wichtigste Sache, die geschehen muss, damit die Welt die Wahrheit über Gott erkennt.

Bestellen Sie im Buchhandel oder direkt beim Verlag:

GloryWorld-Medien | Postfach 4170 | D-76625 Bruchsal
Fon: 07257-903396 | Fax: 07257-903398 | info@gloryworld.de

Aktuelles, Leseproben, Downloads & Shop: **www.gloryworld.de**